インドの存在論・認識論・因果論哲学

「私」、そして「世界」とは何か

宮元啓一
Keiichi Miyamoto

インド哲学教室 3

花伝社

はじめに

インド哲学教室シリーズも回を重ね、今回は、標記を論題としました。

私は、定年で退職するまで、実に三十二年にわたって、大学でインド思想史の講義を行って来ました。ただ、インド思想史を扱った書物をご覧になればすぐに分るように、年代の順を追うことが普通なのですが、私は、これに大いに悩まされました。

と言いますのも、インドでは、唯名論VS実在論、存在論VS認識論、本体と現象を分ける論VS両者を分けない論、結果は原因に予め存するとする論VS存しないとする論など、ものごとの基本的な捉え方の違いが、長い歴史の中で、優勢であったり劣勢であったりしながら、しかも極端に優勢になったり、極端に劣勢になったりすることなく、連綿と競い合い、また影響し合いながら今日に至っているのです。

この説明を単純な時代順の中で行うことは、ほとんど無理なのです。そうしたものを授業で聴いたり、本で読んだりしても、混乱を招くだけなのですね。

私が大学で受け持っていたインド思想史の授業は、中学や高校の社会科系の教員になるために文部科学省から指定されている選択必修科目なのでして、従来、一般的に行われてきた時代順を追う内容でなければならないという、いかんともし難い制約がありました。

しかし、定年退職をした今では、この制約に従う必要はありません。そうしたことで、このインド哲学教室シリーズでは、内容別にし、その枠の中で、思想史、哲学史を考えるスタイルを取ることにしたのです。

かつてインド思想史の授業を受けたことのある方にも、その方面の本を読んだことのある方にも、このシリーズが思想史の交通整理の手助けになるであろうと、私は確信しております。

二〇二三年夏

東京は中野の北辺にて

著者識す

インド哲学教室③

インドの存在論・認識論・因果論哲学——「私」、そして「世界」とは何か◆目次

I　存在論と認識論

宮元啓一　前回から数か月経ちましたが、また、新たな授業を開始できることになりました。皆さん、お元気そうでなによりです。
　さて、今回の授業は、前もってお知らせしましたように、「インドの存在論・認識論・因果論哲学」で、まず手始めに、存在論とか認識論とは何か、それらの何が違うのかについて、粗々の所を押さえておきたいと思います。
　で、インド思想史関係の書物を見ましても、この両論を正面から取り上げたものはほとんど見られません。それは措くとして、皆さんは、学部のときに、西洋哲学史、一応、古代ギリシア哲学から現代哲学までの歴史を学びましたね。また、皆さんは、いわゆる西洋哲学方面で卒業論文を書いておいでですから、ちょっと理解している所を述べてみてください。
　では、今、私と目が合った黒木さんからどうでしょうか?
黒木靖　えー、存在論というのは、ものごとが、どのように有るのかを探究するもので、例えば、古くは、プラトンのイデア論がそうです。あ、それから、プラトンのイデア論こそが、直接、後の西洋哲学史の本格的な出発点になったと、そのような話を読んだり聞いたりしたことがありますが、そんな単純なことなのでしょうか?
宮元　なるほど、確かに。かつて、プラトン以降の哲学は、プラトン哲学の註釈である、なんてよく言われましたね。澤口さん、この点についてはどうでしょうか?
澤口瞳　えーと、プラトンのイデア論は、本体である真善美のイデアと、その貧相な影でしかない現象世界とを分けて考える訳ですが、その前に、エレア派の開祖パルメニデス、その弟子で、現象世界、つまり私たちが感覚で捉える世界は、ただの錯覚、虚妄だということを鋭い幾つものパラドックスで「立証した」と豪語したゼノンがいて、その主張に比べれば、プラトンのイデア論なんてたいしたことがないように思いますが。

私、前から思っていたのですが、あの『方法序説』で方法的懐疑を展開したデカルトは、プラトン哲学の註釈というよりも、根源的にはパルメニデス哲学の註釈だと言うべきなのではと。思考だけが真理に迫れる、感覚、経験知は悪魔のまやかしかも知れないほど疑わしい、ゆえに、感覚を出発点には置かないと、これはプラトンの哲学よりも、パルメニデスの哲学そのものを彷彿とさせますので。

宮元　なるほど、と言いますか、私も以前からそう考えています。プラトンのイデア論は、見た目、とても華々しいですが、やはり文学的と言いますか、本体と現象を区別する、底知れない論理の厳しさを感じませんからね。

それから、「プラトン以後の哲学史」というのが、どうにも気に喰いませんね。「プラトン以降の《西洋哲学史》」なら良いでしょうが、プラトン、あるいはその論理的な根拠である「本体VS現象」論は、プラトンやパルメニデスよりも遥か前、西暦紀元前八世紀の半ば、インドで、いや、世界で最初のきっちりとした体系で存在論哲学を展開したウッダーラカ・アールニが先行していますからね。それも、きわめて論理的にです。

澤口　えーと、その話、これまで何回も聞いてきましたので、かなり理解しているつもりですが、哲学研究の世界は、西洋哲学しか眼中にない世界だと。私も卒業論文は西洋哲学のジャンルでしたし。学部の三年生のときに、先生の集中講義を受講して、インド哲学の世界に大いに眼を開かれた思いをしましたけど、それまで西洋哲学のことしか頭になかったものですから。今から思えば、少し残念な気がしないでもないかなって。

宮元　まあ、私としても、残念といえばその通りですけど、現状では致し方ないかなとも思います。私もインド哲学の原典全訳など、結構世に本を出しているのですけど、焼け石に水と言いますか、ま、今の所そのようなところでしょうかしらね。わが国だけでなく、世界的にインド哲学研究者の数は微々たるものですしね。わが国には、仏教学者は数多くいますが、インド思想史、哲学史を視野に据えた研究をしている人は稀でしかありませんしね。

と、愚痴をこぼしても仕方ありません。こうして皆さんとインド哲学上の問題をあれこれ探求する作業の延長上に、いつかインド哲学史が、まっとうな哲学史の重要な一角として広く認識される日が来ることを切に願ってやみません、と、あれ、これって何かの所信表明演説みたいですかしらね。

＊

宮元　それはそれとしまして、西洋哲学史上の問題として、アリストテレス哲学の従来の扱いに大いに不満を抱いているのですよ。

例えば、アリストテレスの「形相と質料」論は、プラトンの超越的なイデア論を個体のレベルに内在化したなど、通説みたいに語られますが、これは大いに疑問です。

澤口　あ、それって、前回の授業でも仰っておられましたね。「形相」とは、つまりは、それがそのように名称づけられていることに他ならないと。それから、アリストテレスよりもずっと前に、ウッダーラカ・アールニが、森羅万象を「名称と形態」とした、その「名称」と何も違いはないだろうと。これ、私もなるほどなと考えさせられました。

宮元　それから、アリストテレスは、世界初の本格的な博物学者でもありましたから、また前回の授業でも見ましたように、種と類によるヒエラルキー分類学を開発しましたから、一部からは「経験論」の元祖みたいな扱いを受けているようですが、それはどうでしょうかしらね。

と言いますのも、見たり聞いたりすることを重視するとしましても、それを仏教流の如実知見とはかなり違うと私は考えるのですよ。問題は、見たり聞いたりした「経験的な事実」であるはずのものごとから虚心坦懐に考察を積み重ねるのではなく、平たく言えば、そう思い込みたいことが真実だとする、度し難い、現実離れした理想論で事実を捩じ伏せる傾向、これがうんざりするほど見られるのですよ。

例えば、宇宙は完全無欠な神の設計になる「はず」だとして、天体の運行は完全な円運動だと断定しました。二千年に及ぶ西洋天文学を支配した天動説の基礎を築いたのですね。

　それから、例えばものを遠くに勢いよく投げれば、放物線という概念を知らなくとも、それなりの曲線を描きますよね。それがアリストテレスは、ものは、真っ直ぐ地面に平行に飛び、あるところでいきなり垂直に地面に落下すると言うのです。「そのはずだ」が、ここまで見たこと聞いたことを歪めてやまないとは、恐るべき話だと。私は、これをいくら強調しても強調し足りない思いに駆られますね。

＊

宮元　それから、アリストテレス論理学ですが、これは現代論理学からすればきわめて範囲が狭いものですが、その狭い範囲の中では、今でも十分に通用するものです。
　そのアリストテレス論理学の中核は、演繹論理学です。アリストテレス哲学が、凄惨な普遍論争を経てローマ・カトリックの正統教義に組み入れられましたが、この演繹論理学が、キリスト教神学にはまことに相性がよかったのですね。
　その演繹論理学の中核は、いわゆる「三段論法」です。これって何かご存知ですか？
黒木　えーと、西洋哲学史で習った憶えがあるのですが、こうですか？「人間は死すべきものである。ソクラテスは人間である。故に、ソクラテスは死すべきものである」って、何か頭にこびりついているような気がしますが。

宮元　それで十分です。「人間は死すべきものである」が大前提、「ソクラテスは人間である」が小前提、「ソクラテスは死すべきものである」が結論、つまり大前提、小前提、結論、この三段構えの推論式のことを三段論法と言います。

で、問題は大前提です。「人間は死すべきものである」って大前提は、どのようにして導き出されたのでしょうかしらね。

澤口　それは、恐らく死なない人間はいないという経験則なのではないのでしょうか?

宮元　では経験則とは何なのでしょうか?

澤口　アリストテレスが現に体験しただけでなく、昔から、死んだことのない人間はいなかったという、一種の観察から導き出された法則だと思いますが。

宮元　どうでしょうね。ギリシア神話では、神々は不死なるもの、人は死すべきものとして語られるのが常です。ですから、人間は死すべきものだということは、観察の結果というよりも、古代ギリシア世界の神話上の常識をそのまま受け止めたものだと考えるほうが、ずっと納得が行くと私は考えますけどね。

さて、大前提、小前提、結論は、一般法則、個別の事象、結論という構成になっていますね。こうした推理を演繹推理と言います。

近代以降の自然科学では、まず個別のさまざまな事象を丹念に観察することから「仮説」として一般法則を立て、そこから、この演繹推理で、個別の事象がその仮説の一般法則で説明できるかを確かめますね。個別から一般法則を立ち上げる過程を帰納推理と言います。つまり、帰納推理が先で、演繹推理が後になります。そして、もしも演繹推理では無理な事象があることがはっきりすれば、また、帰納推理をやり直すと、これが近代以降の自然科学の有り方です。

ところがアリストテレスは、ともかく、いきなり一般法則を立て、いかなることがあってもそれを変更することなく、ごり押しの強弁を展開するばかりです。先にも言いましたように、天体の運動についても、放り投げられたものの落下運動についても、思い込みたいことが上で、個別の事象のありよう、現実は下の下として扱いますね。

前回の授業でも検討しました様に、アリストテレスの論理学は、イスラム教やローマ・カトリックの不磨の神学の基礎に据えられましたね。

アリストテレスは博物学者として、個別のものに関心は大いにあったとはいえ、経験知を軽んじたわけですから、経験論者とはとても言い難い訳です。つまり、アリストテレスにとっては存在論だけが重要で、認識論にはまったく関心が無かったということになりますね。

＊

宮元　ではお訊きしますが、西洋哲学史で、アリストテレス論理学を逆転しようとしたのは、どのような哲学者だったでしょうか？

黒木　イギリスの経験論学者たちでしょうか。フランシス・ベーコンは帰納推理こそが真理に至る道だと主張したと、西洋哲学史のどの本を見てもそう説明されていると思いますが。

宮元　はい、それで良いと思いますよ。アリストテレス論理学は、キリスト教神学を築く道具だということで「オルガノン」と呼ばれて来ましたが、ベーコンは帰納推理を出発点とするみずからの新しい論理学を、「新オルガノン」と名付けましたね。その後、本格的経験論者として、ジョン・ロックが登場しますね。いきなり一般法則を立てることなく、まずは見えるもの、聞こえるものについての感覚、経験を重視しました。空中戦よりも、地べたを這いずり回る地上戦に徹し、因果関係の鎖を辿りながら、何とか一般法則への道を歩もうとしたのですね。

その後、そのやり方を尊重しながらも、感覚、経験知は、神から賦与されたものだとするバークリー僧正が現れ、同時代の大科学者ニュートンの力学を論難することに熱中しました。ニュートンの力学は、絶対空間、絶対時間で、すべての事象をその中で捉えますが、僧正たるバークリーは、ニュートンは神の居場所を失くそうとする冒瀆者だと考えたのですね。

感覚、経験知が、神から賦与されたものであるかは別にして、イギリス経験論は個別の事象が織りなす因果関係を確かめようとしました。

それを、まるで卓袱台返しみたいにすべてひっくり返そうとする人物が現れました。あ、この前澤口さんが不快感を憶えたというあの人物ですが。

澤口　デイヴィッド・ヒュームですね。私、懐疑論者は嫌いです。壊すばかりで、何も作ろうとしないのですから。そうした懐疑論も、哲学の世界では必要悪だ、なんて言う人がいますけど、やっぱり悪であることに変わりはないですから。

宮元　話はそれまでにしておきましょう。深入りするときりがありませんから。

で、その後に登場するのが、ドイツのカントです。

カントは、すべての知識の源泉は感覚、知覚、経験だとしまして、感覚、知覚、経験を源泉としない思考、これをカントは「純粋理性」と名付けまして、そのような理性のあり方を徹底的に批判したのですね。

パルメニデスも、プラトンも、デカルトも、純粋な思考のみが世界の「本体」に至る道であり、経験で知られる感覚世界は、人を過ちに導く低レベルのものだとしましたね。カントは、こうした西洋哲学の主流の考えを逆転したのです。むしろ現象から隔絶、超越した本体なるものを第一義のものとすること自体が、不毛な議論を生み出す病因だとしたのです。

『純粋理性批判』は、そのような内容の書であり、カントは天動説をひっくり返して地動説を採った代表的な天文学者に自分をなぞらえ、自分の業績を「コペルニクス的転回」だと誇らしく語っています。

実は「すべての知識の源泉は知覚である」というのは、インドのほとんどすべての学派の認識論に共通した前提なのです。インド哲学は人智を超えた深遠な哲学だと言う人は、このことを知らないのです。インド哲学は、いきなり空中戦に走ることはありません。むしろ、しつこいほど地べたを這いずり回り、自分の立脚する足元である経験を徹底的に精査するのです。とくに、私が修士論文や博士論文で論じたヴァイシェーシカ哲学やニヤーヤ哲学は、九九・九九九パーセント、地上戦に勢力を費やしたものです。

このようなことがあるものですから、インド哲学に長年関わって来た私として、西洋哲学史上の人物でもっとも親近感を憶え、ほっとするのがカントなのです。

ワンセンテンスがレクラム文庫で二ページに及ぶ最低の悪文、「経験的には決して知られない」と書けばよいものを、わざわざ「超越論的」など、普通のドイツ語ではないごつごつした仰々しい文言をひけらかす悪趣味、これをさっと箒で掃き清めたら、インド哲学の認識論の書物だと言えるほどなのですね。

＊

宮元　さて、存在論と認識論の違いを、西洋の哲学者の説を引きながら、粗々眺めてきました。いよいよインド哲学の、まずは認識論哲学の基本を押さえておくことにします。

では、二十分休憩としましょう。またいつもと同じように各種ハーブがありますので、皆さん、お好きなものをどうぞ。あ、その電気湯沸かし器、使い方分かりますよね。

Ⅱ　認識論

A　ヤージュニャヴァルキヤの認識論

宮元　さて、皆さん、ヤージュニャヴァルキヤという哲学者のこと、頭に入っていますか？

澤口　はい。これまでの授業でも要所要所に出てくる重要人物ですね。

宮元　その要所要所って、どのような所でしたっけ？

澤口　まず、第一回目の授業では、自己、アートマンは、認識主体であるがゆえに認識対象とはなり得ないと。私、この考え、あまりにも単刀直入、簡潔明瞭なのにびっくりしましたが、同時に、ぱっと目を覚まされたような気になったこと、よく憶えています。

黒木　僕もそうです。西洋哲学や心理学でいう自我ではない自己は経験的に捉えることが出来ないのだということ、これ、納得でした。この話を聞くまで、僕は自我と自己をごちゃまぜに漠然と考えていて、よく見かける「私とは何か」論に頭が混乱するばかりでしたので。

澤口　それから、輪廻説で生まれ変わるとは、古い身心という衣を脱ぎ捨て、新しい身心という衣をまとうことだと、すっぱりとしたイメージを説いてくれたのも、この人だったですね。

宮元　それなら楽勝です。私、長年、大学のインド思想史の授業で、聞き慣れない哲学者の名前を無理に憶える必要はないけれども、せめてウッダーラカ・アールニ、ヤージュニャヴァルキヤ、ゴータマ・ブッダぐらいは頭に刻んで欲しいと、毎年のように言い続けてきました。

＊

宮元　で、そのヤージュニャヴァルキヤですが、この人は西暦紀元前七世紀の半ばに、主として中インドと称される、ガンジス川中流域で活躍しました。注目すべきは、この地域は、それから約百年後に仏教の開祖ゴータマ・ブッダが活躍した地域と大きく重なるということです。ヤージュニャヴァルキヤ哲学の根幹である認識論哲学がゴータマ・ブッダに引き継がれたことこそ、インド哲学史のその後の方向性を決定づけることになったのですから。

さて、ヤージュニャヴァルキヤの生涯の詳細はよく分かっていません。しかし、ヤージュニャヴァルキヤが、諸国の有力な王が開催する、哲学・神学をめぐる、論争による御前試合に次々と出て勝ちまくり、莫大な懸賞をかせいだということ、そして、あるときそれらの莫大な財産を、二人の妻に分与し、世俗生活を捨てて、出家、えー、固有名詞をもって知られる最初の出家となったということ、これは確かなことだと言えるでしょうね。

論争による御前試合って、皆さんイメージ出来ますか？

黒木・澤口　うーん、御前試合といえば、室町時代から江戸時代にかけて諸国巡りの武芸者たちが、大名たちの見ているところで闘ったという、あれでしょうか？　宮本武蔵と佐々木小次郎が巌流島で闘った、あのイメージですが。

宮元　巌流島の御前試合ですか。では、それって武芸者たちは、何のために命懸けで闘ったのでしょうね？

黒木　その頃の武芸者は、たいがい浪人でしたから、武芸の腕で仕官の機会を得ようとしたのだと思います。

宮元　ええ、その通りですね。で、ヤージュニャヴァルキヤの場合は、懸賞稼ぎが目的であって、それによって――ヤージュニャヴァルキヤは祭官階級の人ですが――、王国御用達の祭官の地位を得ようとしたというようではまったくないのですね。

ただ、ヤージュニャヴァルキヤの頃以降、国王たちは宗教思想をとても大切にしました。そこで、論争による御前試合で勝利した宗派を大いに庇護するようになったのです。誤解無きように言っておきますが、インドの国王たちは、一宗派だけを取り立てて、他の宗派を無視したり、ましてや弾圧したりなどまったくしなかったのです。カースト制度には不寛容でも、宗教思想には寛容だったのです。国王にとって、安定した政権を維持するためには、民心を掌握することが肝要ですから、宗教思想に寛容な態度を示すことは不可欠のことでした。ですから、大いに庇護するからといって他の宗派を切り捨てるなど、とんでもないことだったのですよ。

で、ゴータマ・ブッダはどうだったのかと言いますと、論争はおろか、およそ議論は百害有って一利無しとみなしていましたから、御前試合など関心の外でした。

しかし、ゴータマ・ブッダが活動の拠点としたマガダ国のビンビサーラ王は、ブッダやその弟子たちの言行を耳にし、竹林園を寄進したりなど、ゴータマ・ブッダを大いに庇護しました。後のマウリヤ朝第三代の国王アショーカも、あらゆる宗派を庇護したなかで、仏教には並々ならぬ力を注ぎましたね。

やがて部派仏教時代になると、部派の間で見解の相違が次第に鮮明になって行き、また西暦紀元後になると、仏教に押されっぱなしだったヒンドゥー教の教学、哲学が整備されるようになり、仏教は、論争に打ち勝つための論法の開発に熱心になりました。

と、この話は長くなりますのでここらで止めにしますが、ただ、わが国でも仏教が多数の宗派に分かれるようになったため、朝廷や武家政権からの有力な庇護が得られるかどうかが厳しく求められるようになりまして、宗派どうしが公の場で優越を決する「問答」という議論が度々行われるようになりました。

歴史に残るものとしては、比叡山の天台宗から袂を分かって浄土宗を興した法然上人と、比叡山側の論客とが、大原の勝林院で議論を闘わせた「大原問答」があります。法然上人の圧勝だったのですが、比叡山側が朝廷に工作し、法然とその弟子たちを、死罪や流罪に処しました。浄土真宗を興した親鸞聖人も、流罪とされた一人でした。

＊

宮元　さて、『インド哲学の教室』で用いた、ヤージュニャヴァルキヤの、「認識主体」と「認識対象」の別を、改めて図によって示しましょう。皆さんも記憶におありかと思いますが、次のとおりです。

宮元　これを、ヤージュニャヴァルキヤのことばで確認して置くことにします。

「これ（認識主体である自己）は、見られることがなく見るものであり、聞かれることがなく聞くものであり、思考されることがなく思考するものであり、知られることがなく知るものである。これより別に見るものはなく、これより別に聞くものはなく、これより別に思考するものはなく、これより別に知るものはない。これが汝の自己であり、内制者であり、不死なるものである。これより別のものは苦しみに陥っている。」

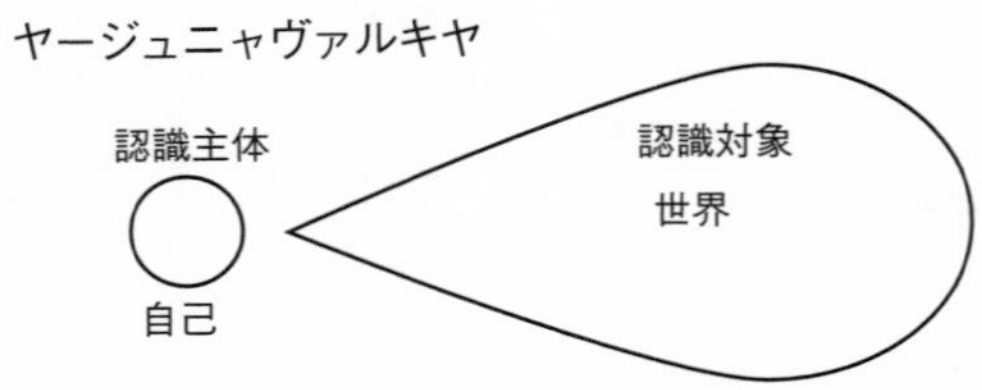

また、同じことを、次のようにも展開しています。

「かのもの（認識主体である自己）は、（認識対象を片端から主語にして、）『（甲であれ、乙であれ、丙であれ、丁であれ、皆、自己）

ではない、ではない』としか言いようのない自己であり、不可捉である。なぜなら、捉えられないからである。また、かのものは不壊である。なぜなら、壊されないからである。かのものは、執著とは無縁である。なぜなら、執著されないからである。」

と、ここまではよろしいでしょうか？

澤口 はい、問題ありません。

黒木 僕も同じです。じつにすっきりしていますね。驚くほどです。

宮元 では、お訊きしますが、わが国の少なからぬ仏教学者たちが、「ウパニシャッドの哲学者は、有りもしない自己（アートマン、漢訳で「我」）を立て、それに執著している。そのようなものはそもそも無いのだと喝破した所に、ゴータマ・ブッダの新機軸があったのだ」と言いますが、皆さんはどう思います？

黒木 ヤージュニャヴァルキヤは、自己は執著できないものだから、執著とは無縁だと明言していますね。そもそも、認識主体であるがゆえに認識対象とはなり得ない自己、つまり経験的には逆立ちしても知り得ない自己を、執著の対象とするなど、あり得ない話です。その人たちは、ウパニシャッドをまともに読んだことがないのでしょうか？

宮元 ま、ない、としか言いようがありませんね。これについては後でまたゴータマ・ブッダの考えに即して考えることにします。

＊

宮元　さて、ヤージュニャヴァルキヤは、自己について、無い無い尽くしで終始しているわけでもないのですよ。次の文言は、今日の私たちにとっても、重大なことを述べているのです。

「自己は、もろもろの世界がばらばらにならないように繫ぎ止める架け橋である。」

これについては、今まで表立って触れて来ませんでしたので、ここで少し説明を加えることにします。

＊

宮元　さて、自己、アートマン、漢訳で「我」が認識主体であるとして、自己は、対象を認識しただけで役目が終わりでしょうか？　時々刻々と新たに対象を認識してそれで終わり、と言うならば、認識したこと、事実は、どうなるのでしょうか？　皆さんは、時々刻々と新たに経験をする訳ですが、そこから何かを考え、そして何らかの行動をするはずです。これについて、皆さんはどう考えますか？

澤口　えーと、新たに知ったことが次々と出て来るのですが、いろいろ考えたり、それをもとにして、ああしよう、こうしようと思うのですから、新たに知ったら、そうして知ったことが消えて無くなるなどということ、あり得ないと思います。考えるって、過去に知ったことを巡って考えるのですから。

宮元　では、その「過去に知ったことを巡って考える」ということならば、新たに知った時よりも後に、その知ったことが過去のものになっても、それが無ければ考えることなどあり得ないということですね？　すると、考えるためには、知ったことが過去のものになっても、少なくともしばらくは有り続けなければなりませんね。その、有り続けるものって、普通何と言うでしょうかしら？

澤口　あ、記憶ですね。

宮元　記憶と知識、言い換えれば、記憶と判断ということですけど、なぜ判断出来るのでしょうか？　なぜ思い出せるのでしょうか？

黒木　前回の授業で、自分に関わることで、一年前のことを、今、思い出せるのは、一年前のことが記憶としてあるからだと。記憶があるから思い出せるのだと、先生からそのように言われて、その瞬間には、何か狐に鼻を摘まれた気がしたことを今思い出しました。思い出したということは、記憶が今もあるからってことなのですね。

宮元　余りにも当たり前のことを改めて考えるというのは、私たちには時として案外と難しいのかも知れませんね。
で、その類のことを質問することになりますが、黒木さん、その記憶は自分の経験の記憶なのでしょうか、それとも他人の経験の記憶なのでしょうか？
黒木　はいー？　どういうことなのでしょうか？
宮元　いいえ、単純きわまりないことなのですよ。他人の経験を自分の記憶に留めることが出来ると思いますか？
黒木　えー、他人が言ったりしたりしたことも、自分の記憶になると思いますが。
宮元　それは、他人がこう言った、こうしたということを、黒木さんご自身が知った、経験したからではないですか？　黒木さんがそのことを経験的に知らなければ、どう考えても黒木さんの記憶に留まるとは思えませんけどね。
黒木　ということは、自分の記憶は、すべて自分の経験の記憶だということなのでしょうか？
宮元　ええ、そういうことです。そうでないことを、黒木さん、想像出来ますか？　自分の記憶は、自分が経験的に知ったことの記憶以外にはあり得ないでしょ？　納得しましたか？　澤口さんはどうですか？
澤口　はい、初めは先生のお話の筋がよく分からなかったのですが、これも先生が前にも仰っておられたように、余りにも当たり前のことって、正面切って問われると、案外きょとんとするものなのですね。考えてみれば、自分の経験とは関わりのない他人の経験が自分の記憶になるなんて、とんでもない超常現象なるものを信奉すると強弁するとんでもない人でもなければ、あり得ないことだなんて、すぐに分りますよね？

宮元　はい、そうだと思いますよ。

＊

宮元　では、ここで改めて、問題を入り口に立ち返って考えてみましょう。

まず皆さんが、目の前に水がめがあって、それを見て、「これは水がめだ」と、とっさに判断したとします。これは普通、感覚とか知覚とかと言われます。で、その「これは水がめだ」という知覚は、「自分の」知覚として、記憶に転化しますね。自分の知覚したことの記憶だからこそ、あそこに水がめがあったと、後になって思い出せるわけです。

つまり、自分が知覚した、あるいは経験したことの記憶は、「自分の」記憶として留められるということです。これはまったくの瞬時の出来事なのですが、ぱっと見たことが自分の記憶に留まる過程を、論理的に考えてみませんか？

えー、このプロセスを、簡潔な理屈で説明したのが、ヴァイシェーシカ学派とニヤーヤ学派です。

それによれば、まずともかく、自分が水がめを目の当たりにしたと、この段階では、ただそれだけのことです。ただ、これが記憶に転化するには、それが自分が知覚したことだとの自覚が伴わなければならないと。

そこで、まず疑う余地も無く「これは水がめだ」との最初の知覚、判断は、疑う余地も無いということで、サンスクリット語では vyavasāya、一応私は疑う余地も無い知覚だということで、「決知」と訳しますが、それが「自分の」決知だという判断がすぐ後に出て来るはずで、これが anu-vyavasāya、私の訳語では「追決知」があるはずです。

ここにある anu- というのは、「後の」「それに即した」を意味する接頭辞です。すると、追決知というのは決知の自己確認、自己反省だとしか言えないのではありませんか？ こうして知覚は「自分の」知覚として、「自分の」記憶へと転化するという次第です。

と、ここまでの話、理解出来ますか？ 私は、これは昔々の人たちの妄想の類だとは到底思えないのですよ。最近、急速に研究が進んでいる脳科学、それにもとづく脳の認知科学に、ますます沿う考えだと驚嘆しているのですけどね。皆さん、どうですか？

黒木　えー、いきなりそう訊かれましても。うーん、なかなか頭に入りません。

澤口　先生、もう少し具体的に話していただけないでしょうか？ 決知から追決知、そこから記憶へのプロセス、聞いたことも考えたこともありませんので。

宮元　はい、分かりました。

では、もう少し、皆さんの実感に叶うように説明を加えることにしましょう。こんな話でどうでしょうかしらね？

まず、視覚でも聴覚でも良いのですが、皆さん、時々刻々、見たり聞いたり、あるいは見えたり聞こえたりしているはずですが、一々、無数の事象について、時々刻々と「これは〜だ」と瞬時の隙間も無くびっしりと判断、決知しているでしょうか？

黒木　どういうことでしょうか？

澤口　う－ん、それはないと思います。

例えば、私、仕事で通勤しますが、その過程で、無数のものを目にし、無数の音を耳にしているはずですが、見えているはずだからといって自分が注意して見ているものなんてほんの僅かですし、聞こえているはずだからといって自分が注意して聞いている音なんてほんの僅かです。その時々の自分に必要のないものや音について、一々、「これは〜だ」「あれは〜だ」なんて、はっきりと判断を下すことなどあり得ません。無意識にということも多いかと思いますが、自分にとって必要なことは判断し、それが自分の記憶に転化すると、それが私たちの日常生活では当たり前のことなのだと思います。都会の雑踏の中にいて、そこにある無数のものごとがはっきりとした形で記憶に留まることなどありませんから、その、私も少しはかじって知っている脳による認知の仕組みからして、その、決知、追決知、そして自分の記憶という構図は、本当にそうなのかも知れないと、あ、なんだか喋っている内にそう思えて来ました。

宮元　そう思えて来たと仰るなら、楽勝です。

＊

じつはこの構図、インドの一部の哲学者たちの独断ではなく、インド哲学のイの字も知らないあのカントも、まったく同じ構図を考えていたのですよ。

カントは、『純粋理性批判』で、はっきりと語っているのですよ。

カントは、知覚（感覚、経験）がすべての知識の源泉であるとする、ほぼすべてのインド哲学者の考えと同じところから考察していましてね。すると、最初にあるのは知覚です。ドイツ語ではPerzeption、英語ならばperceptionです。問題はその次、知覚の直ぐ後に、それが自分の知覚だとの自覚が生ずるはずだとして、それを、ドイツ語ではApperzeption、英語ならばapperceptionと呼びました。

で、ドイツ語は皆さん馴染みが薄そうですので、英語で説明しましょう。

英語のapperceptionは、「知覚」を意味するperceptionに、接頭辞として、ラテン語の、「後の」「それに即した」を意味する接頭辞ad-が付いたものなのです。

どうですか、インドのヴァイシェーシカ学派やニヤーヤ学派がいう、vyavasāyaとanuvyavasāyaと、余りにもパラレルでしょ？　サンスクリット語とラテン語は、インドヨーロッパ語族として、語源が共通していることが多々あるのですよ。どうです、インドの anu- とラテン語の ad- は、語源的にはまったく同じなのですよ。

ドイツ語の Apperzeption は、カントより少し前のドイツの哲学者ライプニッツが用いたことばですが、それはさて措き、カントは、認識主体であるはずの自己が、経験的には知ることの出来ないものであることの歯がゆさを縷々述べていますが、その正体がこの Apperzeption と不可分離であることに注目したのですね。

つまり、自分が自分であることは、これまで自分が経験して来た事象の記憶が、時系列に沿って連綿と続いていることであり、その経験と記憶とを結びつけるものが Apperzeption だと見抜いたというわけです。

このことばは、「統覚」と和訳されて来ましたが、その語感はそれなりに分からないでもないですね。時系列に沿って並んでいるすべての記憶の成立の基ですから、記憶に転じたすべての経験を統括するもの、それが Apperzeption なのですからね。

＊

宮元　さて、では、先のヤージュニャヴァルキヤの文言に立ち返りましょう。

「自己は、もろもろの世界がばらばらにならないように繋ぎ止める架け橋である。」

もうお分かりかと思いますが、黒木さん、どうですか？

黒木　いや、驚きました。そういうことだったのですね。つまり、「もろもろの世界」とは、自分の経験したこと、それは時系列に沿った記憶として連綿と続いている、その連綿としていること、それこそが自己の正体だと、そういうことですね。

宮元　以前にも、私、黒木さんに訊きましたよね。一年前の自分がほかならぬ自分であると何も疑いも持たないのは、一年前の自分が経験したことを、自分の経験として思い出せるからで、なぜ思い出せるかといえば、その経験が、自分の記憶として今に繋がっていることだ、なんてね。あのときは、何だか狐に鼻をつままれた気がすると仰ってましたが、今はどうですか？

黒木　いえ、今では当たり前過ぎるほど当たり前だと思うようになりました。

＊

澤口　あのー、そこまでは十分に納得しているつもりですが、ちょっと分からないことがあるのですが、宜しいですか？

宮元　はい、何でしょうか？

澤口　えーと、知覚などの認識の主体は自己だとしまして、また、思い出して改めて認識するのも自己だとして、記憶というのは思い出して認識する対象ですね。思い出すのは自己で良いでしょうが、記憶は自己ではないところに蓄積されていると、このように考えるしかないように私には思えるのですが、どうなのでしょうか?

宮元　うーん、実は、インド哲学史には多種の認識論が登場しますが、記憶がどこに位置するのか、明快にここだと示す記述は余り見たことがないのですよ。

ヤージュニャヴァルキヤ以来の認識論、認識はどのような仕組みで成り立つかについての論では、大まかに、五つの外的器官と一つの内的器官に取り込まれた対象情報を、自己が認識するという図式で諸問題が論ぜられるのが普通です。ゴータマ・ブッダが入滅してから大分経ってから、仏教の内部では、自己なるものはそもそも無いとする無我説が登場したりしますが、インド哲学史全般では、「認識主体である自己――認識の道具である諸器官――認識の対象」という枠組みで、認識論が展開されるのが普通です。

その諸器官には、今言ったように、外的器官と内的器官とがあります。外的器官とは、眼、耳、鼻、舌、皮膚の五つで、これらは、外界の情報を取り込んで来る役割を果たします。眼が取り込んできた外界の情報を、自己が直に知ること、これが視覚です。これに対して、五つの外的器官が取り込んできた情報を処理して思考するとか、好きだ嫌いだとの感情が湧くとかの場合、五つの外的器官以外に、自己が認識する前に、情報を処理する器官が必要で、これがマナス（manas）、漢訳語で「意」です。おおまか、大雑把に言えば、これは私たちが常識的に知っているかのもの、つまり「脳」だと言ってかまわないと私は考えます。

今、澤口さんが指摘されたように、視覚などは、決知→追決知→記憶のプロセスを辿りますね。すると、自己が思い出すという形の認識をなすということは、自己とは別に、思い出す対象として記憶があると、そういうことだと思いますよ。

ですから、記憶が蓄積される所は意であるわけです。意とは脳のことですから、今日の脳科学の知見とまったく齟齬するところがないですね。ただ、インド哲学史上の認識論では、それが明言されているとは言い難いのですが。

古い文献に明示されていないとは言え、これではっきりしますね。記憶は、各種情報処理の一環として、意、つまり脳が管轄する。その脳が管轄する各種情報の一つである記憶を自己が認識する。これがすなわち思い出すことだと、こう断言してちっとも構わないと思いますよ。

澤口さん、納得しますか？

澤口　ええ、すごくすっきりした考えだと思います。

宮元　黒木さんはどうですか？

黒木　今の話、初めて聞いて、初めて考えることでしたけど、首尾一貫した話で、また今日の脳科学のことを考えても何の問題もないと思います。

宮元　それはよかった。と言いますか、私もこれだけはっきりと述べたことは今までありませんでしたから、何か、新たな境地を得た気分になります。

＊

宮元 さて、大きな問題をクリアしたところで、自己同一性を必須とする「私」なるものについて、触れて置くことにします。

体系的な説明は後で述べますが、サーンキヤ学派の二元論哲学では、心にとって直に必須の要件として ahaṃkāra なるものが立てられます。これは「私 aham」なる「音節、文字 kāra」で、直訳すれば「私なる文字」となります。平たく言えば、「私なるもの」でしょうか。

わが国では、貴族の女性たちの女房ことばというものがあり、ものを、そのものずばりの名称で呼ぶのははしたない、あるいは本名で呼ばれたものから、無礼者といって仕返しを受けることを避けるため、ぼやかした言い方がはやりました。

ご飯を器に移す道具に、杓子《しゃくし》というのがありますが、女房ことばでは「しゃ文字」（しゃもじ）と言いますね。また、髪のことを「か文字」と言いますね。また、女房ことばではないでしょうが、「あいつはあの娘に惚れてるね」は露骨すぎるので、「あいつあの娘に『ほの字』だね」とかね。「お目文字」「御《おん》の字」などもありますね。

さて、「私」は自己とどのような関係にあるか、何しろ自己は経験的に知り難いものですから、そこで、「私」とは、何かはっきりとした形のあるものだと決めつけられませんし、また「自己同一性」という概念自体も、これ、と明示することも困難で、とはいえ、私たちは「私は」と日常的に語りますね。そこで、あれこれ考慮した末に生み出された哲学用語が「私なる文字」「私なるもの」となったと、こう考えるのが合理的だと私は考えます。

主に西洋哲学畑の哲学研究者が、よく「『私』とは何か」「『私』問題」といったタイトルの本を出していますが、皆さんは読んだことがありますか？

黒木　まるまる一冊を通して読んだことはないですが、何冊か目を通したことがあります。

澤口　私も、何冊か読みました。

宮元　いわゆる「私探し」ですね。で、そうした沢山の本は、私探しに成功しているでしょうか？

黒木・澤口　いいえ、ちっとも。何が結論なのかまったく分からない本ばかりでした。

宮元　そうでしょうね。「私」については、経験的に知り得ない自己と、脳という器官で管理されている記憶、その記憶の一貫性としての自己同一性と、その両者が入り混じったところにあるものですから、初めからどっちつかずの曖昧になりがちなものなのです。この、私にまつわる、どっちつかずの曖昧になりがちなものを本性とする「私」を、そうだと理解することなく扱おうとするから、堂々巡り、行方も知らぬ果てしない議論になるのだと思いますよ。自己は自己、自我は自我、記憶は記憶、記憶を管理する脳器官は脳器官と、割り切るほか、この道の到着点はありませんね。曖昧であることを本性とすると、この点の理解を措いて、「私」を論ずることは虚しいばかりですね。

＊

宮元　さて、「自己同一性」ということばですが、英語ではself-identityと言います。自分が一貫して自分であることの確認、といったところでしょうか。そして、これは現代精神医学の世界でとても重視されているのですね。

精神医学界の用語、その基本概念、定義は、しばしば変更されることがあります。で、私、この数年のその方面の医師の診断マニュアルに目を通していないので、もしかすると今では細部の説明に変化があるかもしれまんので、皆さんは次の話は一つの参考として捉えてください。

えーと、皆さん、「境界性人格障害」ってことば、聞いたことがありますか？　この症状は、かなり多岐にわたるので、ときとして診断が難しい心の病の一つです。英語では、Borderline Personality Disorderと言いますが、その最も際立った症状が、「自己同一性障害」Self-identity Disorderです。

これって、今しがた私たちがテーマそのものに関わるものなのです。砕いて訳せば、「自分が一貫して自分であることの確認の乱れ、混乱」となると思いますが、ではお訊きしますが、一年前の自分が他ならぬ自分であると確認できるのはなぜなのでしょうか？

黒木　それはもう、一年前に自分が経験したことを今も思い出せるからだと思いますが。

澤口　ですから、自分が経験したことの記憶が、自分の記憶として、時系列に沿って連綿と続いていること、ですね。

宮元　はい、まさにその通りです。それが自己同一性に他なりません。ならば、その乱れ、混乱とは、どういうことなのだと思いますか？

黒木　どういうことか、ですか？　となれば、今の澤口さんの言い方を借りれば、「自分が経験したことの記憶が、自分の記憶として、時系列に沿って連綿と続いて『いない』こと」だとなりますが、どうでしょうか？

宮元　いや、申し分なくその通りです。では、改めてお訊きしますが、皆さん、「境界性人格障害」って、聞いたことがありますか？

澤口　どこかで目にしたような気がしますが、詳しいことは知りません。

黒木　僕はまったく知りません。それは、どのようなものなのですか？

宮元　この心の病の症状は多岐にわたると言いましたように、言い出せば切りがないのですが、その中核症状とされる、今、問題としている「自己同一性障害」に焦点を絞りましょう。

自己同一性障害なるものは、今しがた黒木さんがまとめたようなことに他ならないのです。で、つまりは、自分の記憶の混乱なのです。自分の記憶が、部分的に、時系列に沿っていないということです。時系列に沿って、というのは、記憶されたことの時間的な前後関係に混乱があるということです。

私、この心の病の数々の症例を、結構読んで来ました。この分野の医学書で出される具体的な症例というのは、他の分野のとは違いまして、本当の具体例そのものではなく、うまく脚色された物語なのです。診断の要となるポイントはきっちり押さえているのですが、何しろクライエントの心の中に関わる特別な個人情報を扱うのですから、学術誌でとはいえ、そのあたりの配慮は並大抵ではないのですよ。ですから、そうしたものだとして聞いて下さい。

症状の特徴を掴んでもらうために、ちょっと誇張した話をしますが、例えばこの心の病のクライエントは、次のようなことを語ります。「やっと、念願の志望校に入ることができましたので、それから、受験勉強に大いに励みました」とかね。

記憶が配置される時間的な前後関係は、思い出される事象の因果関係と不可分離です。過去に自分が経験した事象の因果関係が大きく乱れたとしますと、どうですか？　今、自分がこのようにしてあることの根拠、それへの揺るぎない自信、そうしたものに通常ではない異変が生ずると。このことについて、何か疑念がありますか？　今のところ、ただの印象を述べていただくだけで構わないのですが、一応自分にそのような事態が生じたらどうなるだろうかと、想像力を逞しくしながら考えて貰いたいのですけど。

澤口　うーん、もしも自分がそのような事態に陥ったら、ありきたりの言い方かもしれませんが、「自分を見失う」ってところでしょうか。今、自分がここにこうしてあることに強烈な不安を憶えるのではないかと、何か、とんでもないことになりそうだと、そのような気がします。

黒木　それ、分かりますね。僕も体験があるのですが、自分の思っているようにならない、何か、自分がぺしゃんこになるような思いをしたことがありますけど、これ、長らく尾を引きましたね。その間、自分が何者であるのか、頭の中がぐちゃぐちゃしてまとまらない、そのことに随分と苦しみました。他人からは貴重な体験じゃないですかと言われたりもしましたけど、正直、思い出したくもない体験でした。貴重な体験だなんて、とっても思えません。まだ、そのときのことが尾を引いているのかなあ。

澤口　その話、分かりますよ。黒木さんほど強烈ではないかも知れませんけど、私も、自分が自分であるって何なのだろうって思ったこと、色々あります。思い出すのも嫌だ、というほどではないですが、決して良い思い出だなんて思えないことって、沢山ありますよね。

宮元　さて、皆さんには、思い出したくない、そうした経験、その記憶がおありのようですね。私もそれほどではないとはいえ、ちっとも楽しくない記憶は少なからずありますね。

　ただ、私も含めて、皆さんも、その嫌な記憶も、一応は過去から現在に至る時系列に、きちんと並んでいるのではないでしょうか？　ところが、境界性人格障害のクライエントたちは、これとは相当に様子が違うのですよ。

　皆さん、「トラウマ」ということば、聞いたことがあると思います。また、大地震、大津波、大洪水と、このところ自然災害が頻発している中で、こうしたことを生々しく経験した人々の間で、その後遺症で長く苦しめられる事例がたくさん報告されていますね。PTSD、Post Trauma Stress Disorder、「心的外傷後ストレス障害」です。

黒木　そのことば、僕の記憶では、十年ほど前からよく耳にすることばですね。自他の、命に関わるすさまじい災害に見舞われた人たちは、不安とか、頭痛とか、倦怠感とか、不眠とか、食欲不振とか、人間関係をうまく保つことが困難になったりとか、日常生活に支障をきたすことに苦しむということのようですね。

宮元　そうなのですよ。これ、本当に深刻な問題なのですが、これと自己同一性障害とは密接に関わっていると、これ、精神医学会では、治療法の中で確かなものだとされています。

　心的外傷後ストレス障害と、自己同一性障害とは、どのような関係にあると思いますか？

黒木　うーん、先程からの話の流れからすると、自己同一性障害というのは、記憶障害のことのようですが、それをどう説明したらよいのか、今はちょっと思い付きません。

澤口　私、何となく、理屈の道筋は見当が付くように思うのですが、イメージがよく分かりません。先生は、どのようにイメージされてらっしゃるのでしょうか？

宮元　そうですね。理屈と言っても、私、脳科学の専門家でもありませんし、また、脳科学が細胞生物学、かつては分子生物学と呼ばれていましけど、その、原子、元素レヴェルでどこまで説明出来ているのか、まだ疑問ですが、イメージとしてはこうしたものです。

時系列に沿って連綿と並ぶ記憶を、気流に譬えてみましょう。強烈なトラウマに見舞われた人は、その経験を現実にこうだと認めることにとてつもない抵抗を憶え、ついにはその経験の記憶を消し去ろうとします。古典的なフロイト心理学では、これを「抑圧」と言いますが。

するると、記憶の気流が乱れますね。強烈な経験をした時点と、その前後の記憶が、まるで、エア・ポケットのように欠落するのですね。気流のある部分に、真空状態をもたらそうとするとどうなると思いますか？　例えば、大きな袋で、気流の一部の空気をごそっと引き抜いたら、どうなると思いますか？

澤口　気流が乱れます。うーん、乱気流が発生すると、そういうことでしょうか？

宮元　その通りです。気流のある一部の空気がすっぽり大量に抜け落ちると、その前後の空気が、その穴を埋めようとして、激しく乱れますね。その気流、記憶の流れですから、ある時点の前後の記憶が無秩序に入り乱れることになります。一旦、ある所で強い乱気流が発生すると、気流は後々まで影響を受けます。

トラウマをエア・ポケットにすると、記憶の流れは後々まで乱れに乱れます。ですから、自己同一性障害と診断される人の記憶には、あちこちに前後の脈絡がつかない状況になるのです。つまり、巨大な記憶のエア・ポケットが生ずると、その真空状態を埋めるための無理矢理なつじつま合わせが行われることになります。このイメージ、分かりますか？

澤口　はい、身震いするほどのイメージで、すごく納得できる気がします。

宮元　でしょうね。で、そうなった人は、過去から現在にいたる自分の経験の軌跡を、まともに辿れると思いますか？

澤口　出来ない、というか、とても困難だと思います。

宮元　すると、その人は、自分が過去から現在にいたるまで、善し悪しもひっくるめて、ずっと自分であり続けたという、常識的な実感を安定して持てると思いますか？

澤口　えー、それは難しそうですね。

宮元　そうでしょうね。これが自分が自分であることを自分で実感することが困難となる、これこそが、自己同一性障害ということです。

*

宮元　それで、ちょっと、境界性人格障害の「境界性」について、説明して置きましょう。

問題は、記憶が必ずしも時系列に沿って整然と並んでいないということです。これは、問題のクライエントは、自分の記憶を時系列に沿うように統合できないということを意味します。自分の記憶をうまく統合できない、これを直に表す症状が、「統合失調症」です。今では、統合失調症は脳の器質的な不具合によるもので、心的外傷という心的な不具合による症状とは区別されるようになっていますが、ずっと昔には心的外傷によって心に不具合を来しているクライエントも、しばしば統合失調症と診断されたのです。

それが数十年ほど前には、両者はまったく違う、したがって治療法もまったく違うということが劇的に明瞭になったのです。そこで、ＰＴＳＤによって記憶障害をきたしている状態は、統合失調症と近そうに見えて、実ははっきりと境を異にしているのだ、という意味で、「境界性」と命名されたのですよ。

＊

宮元　さて、この精神医学の話、切りがありませんので、ここでまとめておきましょう。

ヤージュニャヴァルキヤのテーゼ、「自己は、もろもろの世界がばらばらにならないように繋ぎ止める橋である」ですが、自己は、認識主体として淡々と仕事を、つまり、認識の役割を正確にこなしますが、それが、追決知、統覚という過程を経て記憶に転化され、意、心、脳に管理が移行しますと、時として混乱が生じます。しかし、これは自己の責任ではまったくありません。自己は、ひたすらその時その時に認識するだけで、また脳で管理されている記憶を再認識しますが、その記憶に混乱があることは、脳の責任であって、自己の責任ではないのです。ですから、ヤージュニャヴァルキヤのこのテーゼはきわめて正確なのですね。

皆さん、ここまでの話、確認できましたでしょうか？

黒木　初めは遠い昔の人が考えたことを、言ってみれば、並べられた珍しい標本の一つ一つのように眺めるだけ、と、物珍しさだけの面白さに惹かれてこの授業に参加して来たような気がしますが、あまりにも自分自身の問題なので、軽く「参考になりました」では終わらないなと。

澤口　私、思うのですが、何で二千数百年前のヤージュニャヴァルキヤが、今日の脳科学、認知科学の本丸まで踏み込むことが出来たのか、不思議でならなかったのですが、ひょっとしてヤージュニャヴァルキヤの時代の方が、情報量が少なかったことが、かえって良かったのかも知れないと。つまり今がそうですけど、無闇に情報が多すぎるというのも、大きな問題なのかも知れないと感じます。ヤージュニャヴァルキヤは、少ないけれども、よく選ばれた、あるいは選び易かった貴重な情報を、雑音に妨げられることなく、じっくりと考え抜くことが出来る環境に恵まれていたのかも知れないな、と、これ、どうでしょうか？

宮元　いや、本当の所、澤口さんの仰る通りかも知れませんよ。その通りの中で、やはり思考の材料を、ヤージュニャヴァルキヤは、すごい洞察力をもって選び取っていたと、これはやはり環境プラス個人の資質かなと。いや、この話を今回のようにまとまった形で説明し、考えたのは、私としても初めてなのですよ。これまでも、部分部分はあちこちで喋ったり書いたりして来たのですが、この授業、これまでと同様に、本という形にすることを前提としていますので、また大学での授業のような、質と量とのやむを得ない制約が、ここではまるでありませんで、その思い、なおさらなのですね。

で、ここで話は一段落としたいのですが、宜しいでしょうか？　次は、ゴータマ・ブッダの認識論となりまして、また大きなテーマとなりますので、英気を養うため、ここでちょっと長めに、二十分、休憩としましょう。ハーブティーだけでなく、ストレッチも良いですよ。ストレッチも、闇雲にすれば良いというものではなく、人体生理学的に合理的な方法に則って行うのが賢明かと思います。私、その方面、結構詳しいのですよ。ちょっとやってみませんか。

B　ゴータマ・ブッダの認識論

宮元　さて、ゴータマ・ブッダの認識論ですが、実は、その内容の基本は、この「教室」シリーズの授業の中で、何回も押さえて来たものでして、皆さんには、何も目新しいところは無いはずですが、ま、一応、ざっとお浚いということで、宜しく。

＊

宮元　では、まず五蘊《ごうん》非我ということから始めましょう。これ、説明して貰えませんか？　黒木さん、どうでしょうか？

黒木　五蘊というのは、自分という個体の生きている有り様を構成する五つの集まりのことで、それは認識主体である自己ではなく、認識対象であるから、自己ならざるものであると。そういうことだったと思います。

宮元　なるほど。では、その認識主体と認識対象という観点からものごとを考察しようとしたのは、ゴータマ・ブッダが最初でしょうか？

黒木　いいえ、ゴータマ・ブッダよりも前に、先程色々考えたヤージュニャヴァルキヤがいて、その人が最初だったと思いますが。

宮元　その通りで良いと思いますよ。で、いきなり有るもののありかたを論じようとするのが存在論であるのに対して、そもそも、私たちはどのようにして有るものをそれと認識できるのか、認識するとは、知るとはどういうことかを出発することに徹した上で、初めてものごとの有り方を考察することが出来るとする。これが認識論で、こうした認識論に確乎として立った哲学者は、インドはおろか、世界で初めてだと、私は考えます。認識論こそは、思弁が、まるで糸の切れた凧のように勝手気ままに振る舞う、極楽とんぼとも言うべき能天気に大言壮語を、無責任に吐露しまくる状態に、がっちりと歯止めをかける役割を果たせるのですね。

西洋哲学史で、純粋理性なるものが、糸の切れた凧のように勝手に振る舞うことをがっちり抑えようとしたのが、「純粋理性批判」を展開したかのカント先生ですが、これを考えても、ヤージュニャヴァルキヤの先見性に驚かされるばかりだと、私は考えるのですけどね。

さて、五蘊ですが、その五つとは何でしたっけ?

澤口　色《しき》受想行《ぎょう》識の五つです。色というのは、簡単に言えば身体のことで、受というのは、感官が捉えた外界の情報が心にもたらされることで、想というのは、その情報を輪郭付けするというか、識別することで、行というのは、それを記憶すること、あるいは、それが記憶されることで、識というのは、判断することで、と、こうしたことだということだったと思いますが。

宮元　いや、大いに結構です。
整理しますと、大まかには身心のことになるのですが、「受」を理解するためには、身体上にありつつ、対象を捉えて心にもたらす感官の役割を重視しなければなりません。ですから、大まかには「身―心」ですが、細かくには「身―感受―心」でなければならないのですね。で、ゴータマ・ブッダは、ここで、単に個体を分析して見せた、そうしたものだとの知識をひけらかせたというのではないのです。ここが肝要です。
　ゴータマ・ブッダは、ことあるごとに、五蘊のことを「五取蘊」と表現しています。「取」とは、執著することです。つまり、五取蘊とは、五つの執著の的となる蘊のことを言います。何故私たちは五蘊、身―感受―心に執著するのでしょうかしらね？
黒木　それは、もう何回も聞いた話ですね。無常でしかない五蘊を、まるで常住の自己と錯覚するからですね。
宮元　はい、その通りです。
　約百年前に、ゴータマ・ブッダの生活圏と大きく重なる地域で大活躍したヤージュニャヴァルキヤの認識論の構想を、そっくり、受け継いでいるのですよ。ヤージュニャヴァルキヤの構想では、上のようでしたね。

ヤージュニャヴァルキヤ

これを、ゴータマ・ブッダは、もう少し、個体の有り方に密着した形にして次のような構想を持ったのですね。

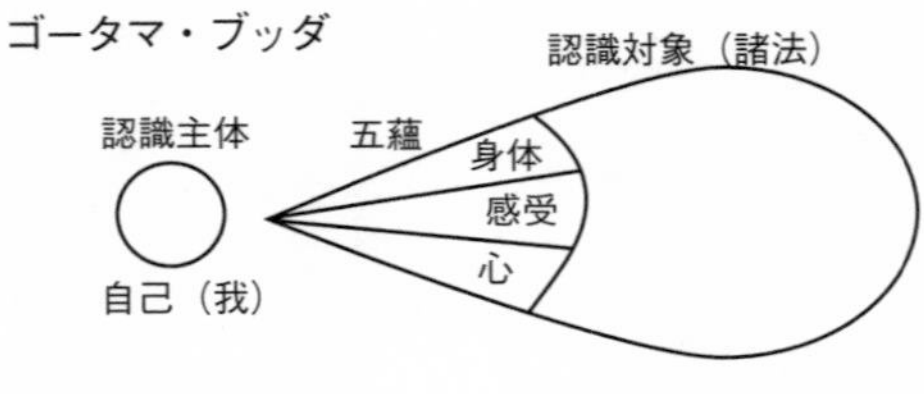

ここでまた、ヤージュニャヴァルキヤのことばを思い出してください。ヤージュニャヴァルキヤは、認識主体である自己は、決して認識対象となり得ない、だから、自己は、決して執著の対象とはなり得ないと、ね。

誰でも自分はいつまでもこのまま変わらずにいたい、遅かれ早かれ死んで滅びるものだとは思いたくないと思いますね。これは生きている者として無理からぬ心情ではありますが、かと言って、普通私たちが「自分」として経験的に知り得るのは、みずからの身心、五蘊ですね。ですから、その五蘊をあたかも常住の自己であると思いたがるのは、結局は大いなる錯覚でしかないのです。

五蘊を自己と錯覚することで、本当の安寧が得られるでしょうか？　むしろ、逆効果も良いところで、いつまでも変わらないはずの自分、五蘊は、老、病、死に見舞われます。こんなはずではなかったという思いが強ければ強いほど、苦しみ、悩み、迷い、愁いは激しい者となるのですね。五蘊の現実をしっかり見ないことで、とんでもない竹篦返《しっぺがえ》しを食らうのだと、これをゴータマ・ブッダは、繰り返し、本当に執拗なほど強調するのですね。

で、ここでまた言っておきますが、我執というのは、自己に執著することではなく、自分の身心を自己だと錯覚してしがみつくことなのです。自己は認識主体であるがゆえに、決して経験的に知ることの出来ないものですからね。「我執とは、自己への執著のことである」という言い方は、ゴータマ・ブッダの真意からはとんでもなくかけ離れた言い方であることに注意しなければなりませんね。

＊

ところが、ゴータマ・ブッダが入滅されてから時間が経つと、ヤージュニャヴァルキヤからゴータマ・ブッダにきっちりと受け継がれた「認識主体ＶＳ認識対象」という、認識論の画期的な見取り図が分からなくなった仏教の出家たちが、色は我ではない、受は我ではない、想は我ではない、行は我ではない、識は我ではない、色受想行識の五蘊以外に自分はない、ゆえに我なるものの出る幕はない、ゆえに我なるものはない、我を有ると思って執著すること、これこそが「我執」にほかならない、と。

もうお分かりですね。親の心子知らずとは、こうしたことを言っているのですね。

＊

宮元　さて、認識論ですから、当然、認識主体と認識対象との区分に徹することが基本です。では、実際の個々の認識の有り方を分析的に見ますと、感官が対象を捉える、つまり、感覚、あるいは知覚が、認識を考えるときの出発点となりますね。この感官と対象との対応関係については、認識論の本家であるヤージュニャヴァルキヤは、それだけを取り上げて論ずることはありませんでした。知らなかったというのでもないようなのですが、ヤージュニャヴァルキヤは、認識主体である自己と、認識対象であるもろもろの事象、つまり対象世界の峻別に全力を投入しましたので、個別の認識の成立事情の考察にはあまり力を注がなかったようです。

これに対してゴータマ・ブッダは、自分がこうして生きて、ものごとを判断し、そして行動して、それがどのような結果をもたらすのかという、自分に直に関わることがら、事象を、形而上学的な、あるいはプラトンのイデア論のような「本体VS現象」とはまったく無縁の、まさにあるがままをあるがままに見て取ること、これを「如実知見」と言いますが、そうした事実の観察にのみ基づいて、そうした事象が、自分が現に生きて有ることに、どのような因果関係の連鎖を成しているのかに関心を集中したのですね。

それも因果関係を、ただ好事家的な関心から探ったのではなく、それによって自分が今こうして輪廻転生の只中にあることの理由を明らかにし、それを明瞭に知ることによって、輪廻転生からの最終的な脱却の道、解脱への道を探そうとし、そして探し当て、見事に目的を成し遂げたと、ゴータマ・ブッダはそうしたことを実に簡潔明瞭に解き明かしています。最初期の仏典、とくにパーリ語仏典を少しでも読めば、それはすぐに分ります。

そうしたパーリ語仏典は、昭和初期には「南伝大蔵経」としてすべて和訳されています。もっともそれは、あまりにも大部であるため、個人で購入してというには高価すぎ、また図書館にはあるとはいえ、漢訳仏教語のオンパレード、擬古文とも言うべき超文語文ですので、今や日本語としてさっと読み通すことが困難な有様です。

その後、と言いますか、現在、片山一良《いちろう》先生が、精力的にその全訳を刊行されているところですが、普通の書店で簡単に手に入るものではなく、また一冊一冊かなり高価です。

で、皆さんには当面、お薦めは中村元先生が岩波文庫で刊行された一連の和訳です。『ブッダのことば』とか『ブッダ最後の旅』とかありますが。あ、そうだ、黒木さんでしたっけ、澤口さんでしたっけ、中村先生訳の『ブッダ最後の旅』を読んだことがあるって、この前、仰っていましたね。

澤口　はい。私、『ブッダのことば』も購入して読んではみたのですが、話の流れが感じられないものですから、ぱらぱらと適当にページをめくっただけでしたけど、『ブッダ最後の旅』はちゃんとした時間の順を追った物語になっていますので、とっても読み易かったです。

黒木　うーん、僕は『ブッダのことば』を時々読みます。ストーリー性はありませんが、どこを拾い読みしても、なるほどなあ、とか、あ、そういう見方もあるのかとか、見かけはドラマティックではまったくありませんが、なかなか身に沁みて考えされられることばがたくさんあって、時々読み直したりしています。

＊

宮元　皆さん、それぞれにそれなりに、古い仏典に触れてきているのですね。ならば安心して話を進めることが出来そうですね。

で、感官が対象を捉えることから感覚、知覚、経験が生まれると、この事実を、ゴータマ・ブッダは、六種類の感官が、それぞれの六種類の対象を捉え、そこから、それぞれに応じた六種類の認識が生ずることを明瞭に区別し、それらの対応一覧表をまとめあげました。これが、「十二処・十八界」です。

では、その一覧表を、図式として示してみましょう。はい、このプリントをご覧あれ。

感官（根、入）	対象（境）	認識・判断（識）
眼	色（色かたち）	眼識（視覚）

耳	声（音声）	耳識（聴覚）
鼻	香	鼻識（嗅覚）
舌	味	舌識（味覚）
身（皮膚）	触（冷熱）	身識（触覚）
意（脳）	法（情報としての事象）	意識（以上五識の処理）

いかがですか？　これって、近現代の心理学とか認知科学とかの所見に、完全に一致していますね。不思議に思うかも知れませんが、「本体ＶＳ現象」論を主流としてきた西洋哲学では、長年、いわゆる現象なるものを無視、軽視してきたため、本体論とは関係のない、こうした、ごく身近な、日常的な、ありふれた認識のあり方に、関心を示さなかったのです。ま、日本に生まれ育った者としての日常生活感覚を外さないようにしながら、長年インド哲学の研究に打ち込んできた私としましては、まあ呆れるばかりの話なのですけどね。

と、これは措くとしまして、この一覧表、感官と対象とは、認識が生ずるための要件ですので、認識の拠り所、漢訳で「アーヤタナ」「処」とされます。また、この一覧表は、認識に関わる要素の一覧でもありますので、「ダートゥ」「界」とされます。あわせて、十二処十八界と呼ばれるという次第です。

宮元　ゴータマ・ブッダの教えの基本には、これ以外にも色々ありますが、何かと重要視されるものとして、四つの真実なる四聖諦と、十二因縁などがありますが、みな認識論的な視点からのみ唱えられたもので、およそ存在論とは無縁なのです。

＊

宮元　さて、ゴータマ・ブッダは認識論のみに関心があり、存在論、それも「本体ＶＳ現象」論の枠組よりなる存在論にはおよそ無縁でありました。ゴータマ・ブッダは経験的に知られる、みずからが生きてあることがらに密着した事象を、いわゆる本体・本質論とは無縁に、その見た通り、聞いた通りのままに徹底的に観察することをすべての考察の基礎としました。

ですからゴータマ・ブッダは、そうした本当に自分に関わりのあることについての、あるがままの観察を出発点とすることに徹しましたので、そうではない、観察とは無関係に、あたかも糸の切れた凧のように無責任な思弁を巡らす議論、論争を、徹底的に忌避しました。

経験的に知られる事実を出発点としない議論、論争は、確かな根拠があるはずもなく、ただの水掛け論、それもいつまでも結論に至らない、ただ無駄に時間を浪費し、勝ち負けに心が乱され疲弊するだけの愚かな行いだと、それはそれは執拗に弟子たちを戒めました。

黒木 あ、それ、僕がときどきぱらぱらとページを繰って読み返す『ブッダのことば』にずいぶんの量、そうした話が並べられていますが、あれですね。

宮元 その本を読んだことがある人、私のまわりにも結構いるのですが、議論・論争の忌避が重視されていることに特に注目した人は、余りいませんでしたからね。

経験的に知られる事実を出発点としない議論は、果てしない水掛け論になるだけで、時間を費やし、勝ち負けに心を悩ませ疲弊させるだけのものだ、そのようなことに無常迅速の生を費やすことなく、ひたすら如実知見を基礎とする、瞑想、探求を目指すべし、というのがゴータマ・ブッダの弟子への教えのスタートラインだったのです。

では、ゴータマ・ブッダの認識論構想の先駆けとなるヤージュニャヴァルキヤはどうだったかと言いますと、かなり様子が違うのです。

ヤージュニャヴァルキヤは、世界の哲学界の先駆けとして認識論哲学を打ちたてましたが、認識論一辺倒という訳でもないのです。

ヤージュニャヴァルキヤは、ヴェーダの宗教、また、近代の研究者からは、婆羅門教と名づけられる一大思潮の流れにあって、その超一流のエリートだったのです。ヤージュニャヴァルキヤが、莫大な懸賞がかかった御前試合で勝ち続けた凄腕の論客だったことは前に言いましたが、実はその御前試合での議論のテーマは、認識論ではなく、存在論だったのです。ヤージュニャヴァルキヤは、世界初の本格的な体系的な存在論を展開したウッダーラカ・アールニの「有の哲学」に集約されるヴェーダ聖典学を、御前試合の最大の武器としたのです。ですから、議論・論争こそ、ヤージュニャヴァルキヤが、おのが実力を発揮する晴れ舞台の大きな演出道具だったのですね。

で、ゴータマ・ブッダは、ヤージュニャヴァルキヤの認識論を継承したとはいえ、存在論には無関心でした。それは、あ、これは確たる証拠があっての話ではなく、ものの考え方から察する状況証拠でしかないのですが、私はこう考えるのですよ。あくまでもそうしたものとして、ちょっと話をさせて貰いますので、すいませんが悪しからず。

ヤージュニャヴァルキヤは、ヴェーダの宗教という、もとは単にその宗教を主宰するプローヒタなる階級が、違うことのない驚異的な実現力、呪力を持つヴェーダ聖典のことば、ブラフマンを手中にするがゆえに、その真実語を自在に操る特権者として、自らをブラフマンの申し子ほどの意味で「ブラーフマナ」、漢訳で「婆羅門」と称するようになった階級のエリートでしたが、ゴータマ・ブッダは、婆羅門階級からは下に見られる王族階級に属していました。

ところが、ゴータマ・ブッダが出現した、西暦紀元前六世紀には、すでに、中インドでは、実際の富と武力こそが重視され、婆羅門を特権階級とするための特別措置、婆羅門のためだけにあるさまざまな法制、規制が、無視される風潮が広まって行きました。

ゴータマ・ブッダは、今日ではネパール領にある釈迦族の国の王家の子息でした。釈迦族は、武力こそが世を支配する実力の根拠だと確信していましたので、婆羅門なにするものぞという気概に満ちていたのですね。

インドの階級制、いわゆる四姓制については、中学や高校の歴史の教科書に記載されていて、普通は、上から婆羅門、武人、庶民、奉仕民となっていますが、仏典では、武人階級がトップで、婆羅門階級はよくて二番、場合によっては三番、四番に位置づけられています。

ですから当時のゴリゴリの保守的な婆羅門たちからは、釈迦族は、堕落・無頼の徒との烙印を押されたりもしたのです。

仏教はカースト制度を否定した、とよく言われますが、それは、ゴータマ・ブッダがカースト制度廃止運動を展開したというのではなく、婆羅門階級を頂点とする規制だらけの世のあり方に初めから意味を見出さなかっただけのことなのです。

釈迦族だけでなく、当時の中インドで強大な権力を築いた武人階級の最大の関心の的は、民心をいかにして掌握するかということです。そのための必須条件は、ありていに言えば、財力と武力です。ただ、それだけでは国は治まりません。必要なのは、生まれの善し悪しではなく、智慧と努力で、いかにして富と力を手に入れるかという実力本位主義だったのですね。

つまり、武人階級が民心を捉えるにあたって関心を持つのは、天空のはるか上のことではなく、自分たちが支配する民衆の日常感覚、空理空論の、どこか知らない世界の話ではなく、財や力、地位、名誉、などをめぐる生々しい欲望原理でして、上の空の空中戦など眼中になく、徹底的に地べたを這いずり回る地上戦だったのですね。

武人階級出自のゴータマ・ブッダにしてみれば、それが原点だったのでしょうね。自分を含めて、人は、結局は、生きるために、欲望、これをプラスマイナスに分けて言えば、欲しいものをゲットし、嫌なものを排除したがる、と、これが分からなければ、王族たちは一国を治めることなど、まるで不可能でしょうからね。王族階級出身だからこそ、ゴータマ・ブッダは、こうした、人の生々しい生き方こそ本当の問題なのだと見究めたのでしょうね。

そのゴータマ・ブッダと同じ年代、ほぼ同じ地域で活躍し、後世に多大な影響を及ぼしたジャイナ教の開祖、ヴァルダマーナ、尊称はジナ（勝者）、またはマハーヴィーラ（大雄）も、武人階級の出自なのですね。

この話、切りがなくなりそうなので、ここでぱっとまとめましょう。つまり、ヴェーダの宗教の拠って立つものが、いわば天から降って来て何ものかが命令を下すようなものであるのに対して、ゴータマ・ブッダ、またヴァルダマーナが関心を抱いたのは、生き物、とりわけ自分を含めた人間の、生々しいありかたそのものだったと、そういうことです。

これを外した空理空論、議論、論争に身も心も費やすことのいかに愚かなことかと、ゴータマ・ブッダが確信した、これはもう、哲学的以前の、生活実感、前も言いましたように、私が造語したい「生命・生活感覚」、英語ならば、the sense of living、これがこうしたことを押さえる大きなポイントだと、また新たに確信したくなると、こうした次第です。
と、以上、思想の流れからする状況証拠についての私の説明、終わります。

＊

宮元　ここで一息入れましょう。一応、皆さんの反応を知りたいのですが、どうですか？

澤口　はい、ジャイナ教まで話が及ぶと、そこらへん、私、ほとんど知りませんが、今の先生のお話の流れは良く分かったように思います。

宮元　黒木さんはどうでしょうか？

黒木　僕は例の『ブッダのことば』で、ゴータマ・ブッダが、議論や論争に勢力を費やすことがいかに無益なことかと、ちょっとしつこいほど言及していたことについて、ただしつこいのだけではなく、やはり必要なことだったのだな、ということが良く分かったように思えます。
　で、それはそれなりに分かったような気になりますが、でも哲学の世界では、議論とか論争とかは付いて来る話だという気がしますが、どうなのでしょうか？

宮元　では、お訊きしますが、黒木さん、議論とか論争とか、お好きですか？

黒木　えっ、どちらかと言えば、好きではないですが。僕、誰かと本気で論争したことがないかも知れません。好きか嫌いかどころか、僕は論争するような事態を経験したことがなかったか、と、そういうことかも知れません。

宮元　そうですか。何となく、私の基本姿勢と似ているような気がしますが、澤口さんは議論や論争について、どう考えますか?

澤口　そう言われますと、私、黒木さんと同じかも知れません。学生だった頃、私、世間で良く言われる「生涯の親友」なんて人、いませんでしたので。ま、本を読むのが好きでしたから、部活とかクラブに入って、何か楽しもうなんて、考えたことありませんので。私、だからかも知れませんが、もし誰かと議論したとしても、何か良いことがあるとはまったく思えません。

＊

宮元　はあ、何となく、私も皆さんも、何だか似たような人間の集まりなのでしょうかしらね。ま、私は議論は必要だとは思います。ただ、目くじらを立てて勝敗を決しようなどというのはまっぴら御免ですね。

「これって、僕はこうだと思うのですが、どう思います?　うーん、それはありかも知れないけど、別に、こんな風に考える手もありかも。」

というような、議論以前の、他愛もない、けれど、何かを明らかにしたい、けれど、結論を急がない、だから、相手を決して論難しない、と、そのような、楽しいからこそ将来に希望が持てる生産的な雑談こそ、新たな知見の源泉ではないかと、私は思いますね。

*

宮元　さて、ちょっとくどい話だったかも知れませんが、皆さんも、おおよそ同じ構図の認識論に立つとはいえ、ヤージュニャヴァルキヤがヴェーダの宗教に拠る哲学から離れなかったこととの対比で、ゴータマ・ブッダが認識論の根幹を、きっちりとヤージュニャヴァルキヤから受け継ぎながらも、そうした存在論をまったく寄せ付けなかったこと。このことを押さえることが、ここらあたりの思想史的展開を理解するためにはきわめて肝要な論点だと私は思うのですけどね。こうした論点を重視したこの方面の学者は、まったくいないようで、どうなっているのでしょうかしらね。

*

宮元　さて、ここでちょっと一休みしましょう。皆さん、どうですか？　何かと聞いたことがないというか、考えたことがなかった話が続いたのではないかと思いますが、ここまでのこと、ついて来れていますでしょうか？

澤口　はあ、まあ、初めて考えざるを得ない話が続きましたが、一応、そういう話の流れなのだなとは見通しがついているつもりですが。

黒木　うーん、僕は正直言いまして、ここまでの話、ひょっとして余りにも納得し過ぎているのかも知れないなと。ですから、ここからまた違う話が出てきて対応できるかどうか、ちょっと不安に憶えますが。

宮元　黒木さん、良いところにいますね。これまで納得したことと違う話に直面することに不安を憶える、と、それって相当にまっとうな反応だと思いますよ。これまでの話で訳が分からない状態でしたら、新しい話かどうかもさっぱり見当がつかないはずで、そういうことからすれば、逆に畏れる根拠など、かけらもないと、そうではありませんか？

黒木　あ、先生、もしかして僕を煽ってらっしゃるのでしょうか？　僕が何か、臆病風に吹かれているとでも思っておられるのでしょうか？　えー、それは僕としては心外です。不安に憶えるというのは確かですが、そこから先、違う話を耳にしたくない訳ではまったくないのですから。ですから、ご心配、ご遠慮なく、話を進めてください。

宮元　はい、黒木さんの御気持ち、しっかり受け取りました。で、インド哲学諸派の哲学体系を一覧するつもりですが、その前に、体系を構成するものごとのあいだが、どのような因果関係にあると捉えて来たか、という局面を、あらかじめ押さえておこうと思っています。

　話題がちょっとがらりと変わりますので、ここで頭の切り替えのため、十分の休憩時間を挟むことにします。この前、僕がお薦めした、短時間かつ合理的なストレッチ法を、実践してみて下さい。

Ⅲ　因果論

宮元　さて、授業再開と。ここから、また、ひょっとして、皆さんの脳漿を絞るような話になるかも知れませんが、根本の話は極めて簡単ですので、いわゆる「虚心坦懐」といった風な気分で臨んでいただきたいのですが。

えーと、因果論というのは、言うまでも無く、ものごとどうしが、原因と結果にあるか否かを論ずる、思考の一ジャンルなのですが、これ、古くは、西暦紀元前十二世紀は下らない成立と思しき、今もインドに生々しく伝わるヴェーダ聖典の神話レヴェルからして、ほぼ一貫して、インド哲学、思想史の根本テーマであり続けたのです。

＊

宮元　で、なぜそのようなことを話の冒頭に述べるかと言いますと、これ、西洋哲学史とは、この因果論についてまるで風景が違うと思わざるを得ないからなのです。

哲学、哲学史に関心を持つ人のほとんどは、西洋哲学史だけが哲学史だと考えていますので、インド哲学史はそうではないのだと、あえて強調せざるを得ないという事情があるのです。

あまり希望は持てないとはいえ、今、私が色々考えたことを書物にしつつあることが広く世間に認知されるようになれば、今、こうして私が因果論をめぐる西洋哲学史の貧困状態を指摘しなければならない事態は消えてなくなるだろうと思いますけどね。

なぜか？　インド知識論哲学史を貫く根本テーゼ、それは、すべての知識の源泉は、感覚、知覚、経験であるということです。

それに対して、西暦紀元後十八世紀のカントに至るまで、西洋哲学史を貫く根本テーゼは、本体VS現象の枠の中で、現象はせいぜい本体の薄っぺらい影のようなもの、ならまだましで、現象は純粋な理性、思考をまどわす感覚世界の、迷妄、錯覚、悪魔が仕掛けた幻影だと断定するのが主流でした。因果論は現象世界の話でしかなく、本体論に因果論は無縁だとする、いわゆる常人にとっての「現実」を完全に無視する論調が横行していたのですね。えー、凄まじい話だと、私、溜息をつきたくなりますが。

パルメニデス、プラトン、デカルト、と「本体VS現象」論で軽視され続けて来た西洋哲学史の「伝統」とは別に、古代ギリシア哲学の、いや西洋哲学の祖とされるタレスよりも前に活躍した、西暦紀元前八世紀のインド哲学の祖ウッダーラカ・アールニの「有の哲学」は、紛うことない「本体VS現象」論なのですが、どういう過程で本体が現象したのかの説明は丁寧で、また現象が個々別々で違うように見えて、実は本体そのものに他ならないのだとするに当たっては、これまたていねいな説明が加えられているのですね。本体でない現象に目配りする必要などかけらもないとするカント以前の西洋哲学の主流とは、まるで違うのですよ。これ、いくら強調しても、し足りないくらいです。

＊

宮元　で、長々しく引用することは避けるとしまして、その「本体VS現象」論の世界哲学史上の先駆けと言えるウッダーラカ・アールニが、現象の中に本体があることを証明するための、実に具体的な場面を精査する様子を、少しばかり以下に紹介することとします。

（父）「この一切（いわゆる現象）は、この微細なるものを自己（アートマン、いわゆる本体）とする。それは、違《たが》うことのない、驚異的な実現力を持つ真実のことばである。それは自己である。シュヴェータケートゥよ、汝（個別の現象）はそれ（本体）である。」
（子）「先生、さらにお教えくださ い。」
（父）「承知した、愛児よ。」

この後、「汝はそれである」（tat tvam asi）という文言で終わる実例がずらっと並べられます。この文言は、簡潔にして、かつ、ヴェーダの宗教の唯名論の全体像を示す秀逸な文言であるため、一元論哲学を展開するヴェーダーンタ学派は、これを「大格語」（mahāvākya）と呼んで珍重しています。

この、ずらっと並べられる実例をすべてここで訳して示すのは大変なので、今は二つの例だけを見ることにします。私が書いた『インド最古の二大哲人』（春秋社、二〇一一年）、あ、その本です。その三十七ページを開いてください。


（父）「あたかも、蜜蜂が蜜を作るとき、さまざまな樹のエキスを集めて一つのエキスにするように、そして、さまざま樹のさまざまなエキスが、出来上がったその一つのエキスの中で、『自分はこの樹のエキスである』、『自分はあの樹のエキスである』と、互いに区別しあうことが出来ないように、まさにそのように、愛児よ、これら一切の生類は、実は有と一つものであるのに、『自分は、実は、かの有と一つものなのだ』とは知らない。この世の、虎であれ、獅子であれ、ジャッカルであれ、猪であれ、蚯蚓であれ、蛾であれ、虻であれ、何であれ、それらはみな、有に他ならないのであり、この微細なるものを自己としている。それは、違うことのない、驚異的な実現力を持つ真実のことばである。それは自己である。シュヴェータケートゥよ、汝はそれである。」

（子）「先生、さらにお教えください。」

（父）「承知した、愛児よ。」

（父）「ニヤグローダ樹（バニヤンの樹）の果実を持って来なさい。」

(子)「先生、持って来ました。」

(父)「割りなさい。」

(子)「はい、割りました。」

(父)「その中に、何が見えるか?」

(子)「先生、微細な粒が見えます。」

(父)「その粒の一つを割りなさい。」

(子)「はい、割りました。」

(父)「その中に、何が見えるか?」

(子)「先生、何も見えません。」

(父)「まこと、愛児よ、汝には見えない超微細なものから、このように大きなニヤグローダ樹が聳え立っているのである。愛児よ、このことに納得しなさい。


これら一切のものは、この微細なものを自己としている。それは、違うことのない、驚異的な実現力を持つ真実のことばである。それは自己である。シュヴェータケートゥよ、汝はそれである

いかがですか? 現象など取るに足りないとばかり、ばさばさと切り捨ててまるで問題にしないプラトンのイデア論とは、ずいぶんと違いますでしょ? インドの「本体VS現象」論哲

学は、現象なる個別のものごとについて、かえってしつこいと思われるほど、こと細かに取り扱うのです。

澤口　はい、面白いですね。バニヤンの樹って、あの「この樹何の樹、気になる樹」を連想させる、あの樹ですよね。

宮元　いや、それは知りませんが、世界最大のバニヤンの樹は、コルカタ（カルカッタ）にあって、その広がりの直径が百メートルほどあると言いますね。

私は、かつてチェンナイ（旧名マドラス）にあるアディヤール図書館を訪ねたことがあります。神智学協会の本部があるところで、インド哲学関連の、とても信頼に足る校訂本を多数刊行しているところで、その関心で訪ねたのですが、いや、その庭にあるバニヤンの樹、目の当たりにして驚きましたね。

この樹、高さはたいしたことないのですが、枝を横へ横へとひたすら伸ばすのですね。この樹は沖縄のガジュマロと同じく、榕樹の仲間で、横に伸びた枝から気根なるものを垂らしますが、それが地面に届くと、それに根が生えまして、結局自前で支柱を次々と作るのですね。ですから太い枝がいくら横に長く伸びても、平気なのですね。

私が目の当たりにしたそのバニヤンの樹、直径は軽く六十メートルはありましたね。

それはそれとして、問題は古代ギリシア哲学の成立より前に「本体ＶＳ現象」の区別を基軸とする唯名論哲学を展開したウッダーラカ・アールニは、このように現象のあり方に、そして本体と現象とのあり方に並々ならぬ関心を抱いていたのです。

ですからウッダーラカ・アールニは、現象間の、そして本体と現象の間の因果関係を重視したのですね。「本体だけが重要で、現象は考察するにまったく値しない」などの乱暴な論を立てなかったのです。

このウッダーラカ・アールニの基本姿勢は、その後のインドの唯名論を中心とする「本体VS現象」論に引き継がれ、因果論は哲学体系の枠組として位置付けられていったのです。

＊

宮元　ただし、例外があります。それは、西暦紀元後二世紀半ばから三世紀半ばにかけて、大乗仏教で最初の学派である中観派を開いた龍樹（ナーガールジュナ）です。龍樹は、ヴェーダの宗教の、違うことのない、驚異的な実現力を持つ真実のことば観にのっとりながら、一切は中身が空っぽである（一切皆空）ことを本当の真理とし、いろいろあるものごとを、まったく意味の無いものとして切り捨てることに熱中しました。
龍樹が拠って立った発想法は、ウッダーラカ・アールニが拠って立った発想法と、実は寸分の違いもないのですが、ウッダーラカ・アールニが、本体と現象との因果関係を重視したのに対して、龍樹は、現象をすべて切り捨てました。ですから、本体と現象との因果関係など、芥屑でしかないという扱いをしました。現象は、実在論者の拠って立つ基盤だからとの、強烈な思いから、実在論者をへこますためには、詭弁だろうが、揚げ足取り論法だろうが、罵詈雑言だろうが、手段をまったく選ばない道を突進しました。

龍樹の発想は、前にも述べた、不二一元論、別名幻影論で一大学派を築いた初代シャンカラに影響を与えたことは確かですが、その学派は案外、現象のあり方の探求に熱心なのですね。ですから龍樹は、インド哲学、思想史全般としては、影響力はきわめて小さかったと断定すべきだと私は思います。

龍樹は「正邪」を強調しましたが、これは、「優劣」を競うインド思想史では、異質なことだったのです。

＊

宮元　さて、前置きが長くなりましたが、ここで改めて、インド哲学史における因果論のあり方の本丸の攻略に着手することにしましょう。

そもそも因果関係って、どのような関係だと思いますか？　黒木さん、何か一瞬、嫌だなといった風の顔つきに見えましたけど、どうですか？

黒木　実はこれまで、因果関係についてあれこれ自分で考えたことがあるのですが、考えれば考えるほど分からないことだらけで……。色々と読んだ本のせいかもしれませんが、そうした本、今から考えれば懐疑論者のものが多かったような気がします。

例えば、金槌で茶碗を叩けば茶碗は壊れますけど、それ自体は簡単な物理現象だとして済むと思いますが、茶碗を叩き壊した人が茶碗が壊れることの原因であると、どうして言えるのか、今でも、自分でうまく説明できない、というか、蛇に睨まれた蛙みたいな気になって仕方がないのでして。茶碗を壊そうとする意図があって、と、簡単に言われますけど、意図って何なのでしょうか？　テレビのサスペンスドラマでもよく出て来る話ですけど、凶悪事件であればあるほど、犯人の動機って分かりにくいですよね。

私、まだ学部の学生だったとき、大学が出している学報に法学部の先生の話が載っているのを読みました。その先生、大学の教授になる前に検察官でして、それも刑事事件を担当することが多かったそうですが、その先生が言うのですよ。凶悪犯の動機として、裁判で取りあげられるけど、立件した当の自分ですら、最後まで本当の動機など分かったためしは一度もない、なんて、そのような話です。

こういう話を多く見聞きすると、意図とか動機とか、それ、犯行の原因だとされますが、それってそれほど簡単なことではないと、これ、どうなのでしょうか？

澤口　そのようなこと、言い出せば切りがありませんよね？　私、前も言いましたが——これはもう、いちゃもん以外の何ものでもないと思うのですが——因果関係は、人間の、習慣に基づく日常生活を安穏にするための、人間の思い込み、よくて智慧、悪くいえば悪智慧の所産に過ぎないって、あのデイヴィッド・ヒュームが力説していますね。すごく嫌な気がしましたが、まあ、哲学史上の有名人なので、それなりに熱心に読みましたけど、やっぱり今でも嫌な哲学者です。今の黒木さんの話、ヒュームが大喜びしそうな話ですね。

宮元　はい、なるほどね。黒木さんの仰るように、凶悪犯の真の動機が、そう簡単に分かるはずがない、と。これはその通りですね。それはその通りだと私も思いますし、そのかつて検察官だった法学部の先生の話、私はその先生と面識はありませんが、色々なところでその先生の話を見聞きしました。説得力ありましたね。

しかし、誰かが金槌で茶碗を壊したという話ですが、金槌をふるった人の意図が何であれ、ふるわれた金槌が、物理的に茶碗の破壊をもたらしたということ、これについては、何か疑問がありますか？　黒木さんでも澤口さんでも、どちらでも構いませんが、どう考えますか？

黒木　それはそうだと思いますが。

宮元　澤口さんはどうですか？

澤口　話をそうした物理現象だけに限定すれば、茶碗が壊れた原因がふるわれた金槌だと、これが因果関係だと言われれば、そうだと認めざるを得ない気がしますが。

宮元　はい、黒木さんも澤口さんも、因果関係に疑問符をつけ続けてやまない懐疑論に結構触れていますが、それはそれで良い体験だと思いますよ。私も何かあったときに、そう簡単に因果関係はこうだと断定することの危うさは、分かっているつもりです。
ただ、どうでしょうか？　お医者さんが、因果関係は人間の習慣的な思い込みに過ぎないとの視点を揺るぎないものだとして、診療や処方が出来ると思いますか？　クライエントの症状を聞いて、何が原因なのか「分かんなーい」なんて風でしたら、医者、やってられますか？　あるいはそのような医者に診て貰いたいと思いますか？

澤口・黒木　いえ、思いません。

宮元　何かが起きたら、何か、そうなる理由、原因があると、普通私たちはそう考えますね。また、大きなことであれ、小さなことであれ、自分が何かを目指したならば、それを実現するためにはどうすれば良いか、とも考えますね。米を手に入れたとして、何もしないでただじっと眺めているだけでは、永遠にご飯は炊けませんしね。

＊

宮元　さて、ではインド哲学史で、因果関係はどのようなものだと捉えられて来たのか、それを概観しながら、なぜそう考えるかというテーマに入ることにします。

＊

宮元　まず、インドには、因果関係を前提とする考えと並行して、因果関係をまったく認めないとする考えも行われて来ました。無因無果論者は、決して多数派を形成したわけではありませんが、それなりに頑強な主張を押し通して来ました。

皆さん、ゴータマ・ブッダが活躍する頃、中インドは、婆羅門だけを優遇するヴェーダの宗教の基盤が大きく揺らいだこともあって、さまざまな思想家・宗教家が、それなりの規模の宗派、学派を率いていました。

そのすべてが明らかになっているわけではありませんが、古い仏典にはゴータマ・ブッダも活動の拠点としたマガダ国、この国は、中インドで、群雄割拠状態の中でも、釈迦族の国を属国とし、後に釈迦族の国を併呑したコーサラ国と、最強を競っていました。そのマガダ国で、突出した勢力を握っていた六人の指導者がいたとされます。これを六師外道《ろくしげどう》と言いますが、聞いたことありますよね？

澤口　はい、その指導者の名前をすべて言えるわけではありませんが、唯物論者とか、道徳否定論者とか、努力無用論者とか、あ、鰻論法でしたっけ。何を訊かれても、ぬらりくらりと躱して、結局、何も答えない、なんて論者もいましたね。

宮元　まあそのような所ですが、今問題としたいのは、その努力無用論です。これを主導したのは、マッカリ・ゴーサーラという人物ですが、何か憶えていますか？

黒木　何となく憶えています。確か、輪廻転生は、おのずからストップするまではストップしないから、解脱しようと懸命に努力しても無駄だ、遠い未来、輪廻転生がおのずから無くなるまで、ひたすら待つだけだと。これってニヒリズムなのか、ニヒリズムの正反対なのか、どちらなのかなって、以前頭を捻った覚えがあります。

宮元　マッカリ・ゴーサーラは、はるか昔、何の原因もなしに輪廻転生が始まり、遠い未来に、これまた何の原因もなく終わる。いきなり輪廻転生が終わるときに、懸命に解脱を目指して厳しい修行を積んでいる人であれ、何も努力しない人であれ、いわば猫も杓子も片っ端から解脱する、と言うのですから、まあ奇抜といえば奇抜なことを主張した人物ですね。

では、マッカリ・ゴーサーラたちは、ぐうたらと、野放図な生活を送っていたでしょうか？もしそうなら、大きな教団が成立するなんて、そもそもあり得ませんでしょ？

マッカリ・ゴーサーラたちのことを、「アージーヴィカ」と言います。漢訳では「邪命外道《じゃみょうげどう》」とされ、「邪な手段で生活の糧を稼ぐとんでもない輩たち」と解釈されたりしますが、実際には、集団的な生活規律を厳しく守り抜く人々、ということを意味します。その集団的な生活規律の一々は不明なことが多いですが、ゴータマ・ブッダ入滅から二百年近く経ってから、ジャイナ教に吸収されたことから推測出来るように、ぐうたらどころか、厳しい苦行に身を挺していたようですよ。

遠い未来、輪廻転生がおのずから止むまで、と言いますか、その日が来るのをひたすら信じ、行いを慎みながら待ち続けると、これ、ニヒリズムどころか、えらくストイックな考えだと思いますが、どうでしょうか？

黒木 はー、そうですね。ぐうたらたちが大きな教団を作るなんてあり得ない話ですね。

宮元 というように、この世に起きる重大事は、原因なしに起きる、人知の及ばない偶然の産物だと、アージーヴィカたちは真剣に考えたのですね。この考え、「無因論」以外に「偶然論」とも言われます。

こうした考えは、どうやらアージーヴィカたちだけでなく、色々な所で唱えられていたようなのです。西暦紀元後二世紀半ばから三世紀半ばにかけて編纂された論理学派の根本テクスト『ニヤーヤ・スートラ』でも、大きな問題として扱われているほどでしてね。

で、この偶然論ですが、これ、何か思考放棄の無責任の窮みみたいに聞こえるかも知れませんが、場合によっては大変な示唆を与えてくれる考えでもあるのですよ。

ダーウィンが唱えた進化論は、優勝劣敗論の根拠にされたり、それが根拠とならないことが実証されると、合理的適応論の根拠とされるようになりましたが、最近の研究では、遺伝子の変異はそのような御都合主義的な考えを裏切るばかりで、今や私の印象では、まさに偶然論に根拠を求めるようになっているようですね。よく言われることですが、偶然も重なれば必然となるって、これ、物理学の世界でも、量子論で、ものごとは、「そうなる」「そうならない」だけでなく、「そうなるかどうか分からない」と捉えるしかないと言われますね。普通のコンピューターは、二進法で、1か0で計算しますが、量子コンピューターは、1か0か「1かつ0」（どちらに転ぶか不明、曖昧）かで計算します。

普通の因果関係を無視した偶然論、とても馬鹿には出来ないと思いますよ。

＊

宮元　さて、量子コンピューターの話、すさまじく面白いのですが、それに深入りすると授業の進行に支障を来すことは明白ですから、この話はこれで打ち切り。次には、因果関係なるものを認める考えを検討することにします。

＊

宮元　皆さんは、因果関係でものごとのあり方を捉えようとすることに、何か違和感を憶えたりしたことはありますか？

黒木　えー、物理法則だけでなく、倫理・道徳も、因果論を抜きにしては成り立たないと思いますし、僕もそうした考えにすっかり染まっていると自覚していますけど。

澤口　確かに因果関係を突き止めることは、時には随分と困難なことがありますけど、因果関係を考えることなしに、学問の世界どころか、普段の私たちの日常生活も成り立たないと私は考えますが。

宮元　分かりました。では原因なるものが、どうして特定の結果を生ずるのでしょうか。例えば、これは後で触れる流出論的二元論を唱えるサーンキヤ学派が用いる論法ですが、胡麻を搾れば胡麻油が出来ますが、砂粒をいくら搾っても胡麻油は得られませんね。また、牛乳はそれなりの条件があれば凝乳（ヨーグルト）になりますが、ただの水をその条件に置いても、永遠に凝乳にはなりませんね。

これはどういうことなのでしょうか。と、この疑問に、サーンキヤ学派はこう答えます。胡麻には、それから胡麻油が抽出される性質が初めから具わっているのだ、牛乳には、それから凝乳が出来るような性質が初めから具わっているのだ、とね。

ここから、サーンキヤ学派は、原因と結果との関係について、どのような判断を下すでしょうね？　何か思いつきますか？　少し、想像力を逞しくして考えてみてください。

（二分経過）

澤口　私、思うのですが、サーンキヤ学派が原因としてイメージしているのは、植物の種なのではないかと。稲の種籾から、麦が芽生えて麦の実を結ぶことはないですよね。ということは、稲の種籾には後に生ずる結果が予め仕込まれている、といったイメージで、ものごとの因果関係を捉えていると、そういうことになると思いますが、どうでしょうか？

宮元　いやー、まさにその通り、御明察です。サーンキヤ学派は、結果は原因の中に予め存在していると見ます。これを「因中有果論」と言います。

するると、結果が生ずるというのは、それまで無かったものが有るようになることではなく、もともと潜在的に有ったものが顕在化したことに他ならないとなりますね。この、潜在的に有ったものが顕在化する過程を、サンスクリット語で「パリナーマ」(pariṇāma) と言いますが、これは、英語で言えばemanation、一般哲学用語しては「発現」、漢訳では「転変《てんぺん》」とされます。ですから、サーンキヤ学派の因果論は因中有果論ですが、結果の現れ方という観点からすれば、漢訳を用いれば「転変説」、一般哲学用語としては「発現論」ですが、私はイメージしやすいからという理由で、「流出論」と呼んでいます。

これを、世界がどう形成されたかという観点から捉えますと、ただ一つの原理、つまり一元から、森羅万象が流出したのだとの論になりますね。サーンキヤ学派は、二元論哲学なのですが、一つの一元は観想者、もう一つの一元が、その、認識主体である観想者が捉える認識対象の原点だとされます。

詳しい話は後で見ることとし、今は因果関係について、こういう見方をする人々が大きな勢力を持ったということだけを指摘するに留めます。

＊

宮元　では、因果関係を前提とする立場でありながら、サーンキヤ学派のような因中有果論、流出論とはまったく違う因果関係に立つ人々も、これまた大きな勢力を持ったのですね。

それは、ものごとが発生するとは、それまでに無かったものが有るようになることだと、この単純明快な理解をベースにしています。

このような考えに立つ人々は、これまで無かったものがあるようになる、これを発生という、だけでなく、今まで有ったものが無いものになる、これを消滅と呼ぶという、私たちの日常的な生活感覚に基づく表現を大切にしたのですね。

これを因中無果論と言います。結果なるものは予め原因に潜在的に有ったものが顕在化したもののことを言うのだと論ずる先の因中有果論とは、真っ向から対立しますね。

因中無果論者たちは言います。もしも因中有果論が言う通りだとして、世間では普通、発生するというところを、潜在的だったのが顕在化することだと、それまでは仮に良しとして、それが消滅することをどう説明するのだ、と。顕在化したものが、また潜在化するのかね、それは何故なのかね、と。この論難に対して因中有果論者たちは、大掛かりなことは積極的に主張しますが、細かいことには非力なのですね。

大掛かりなことというのは、一元が流出して森羅万象となる過程は、輪廻転生に自己が巻き込まれる過程に他ならず、輪廻転生が止んだとき、森羅万象は自己にとって何の意味もなくなるので、元の一元へと還流するのだと。

いや、それは何と気宇壮大な話だとは言えますが、日常茶飯事の出来事、例えば金槌で茶碗を叩いたら、茶碗は壊れて器の用をなさなくなると、そのようなことがらについて、因中有果論者が雄弁に語ることは恐らく不可能だろうと、私は思いますね。

＊

宮元　ちょっと私の話ばかりが続きますが、一応インド哲学史上の基本的な枠組みの話ですので、もう少し私の話に耳を貸してください。

＊

宮元　実は、この因中有果論と因中無果論との対立は、現在伝わる古いヴェーダ聖典の中でも成立がとりわけ古い『リグヴェーダ讃歌集』にも登場しているのです。

以前の授業でも紹介しましたが、西暦紀元前八世紀に「有の哲学」を展開したウッダーラカ・アールニは、その論の冒頭に次のように言っています。

（父）「愛児よ、太初、この世界は有のみであった。唯一で、第二のものは無かった。ところが、ある人々は、『太初、この世界は無のみであった。唯一で、第二のものは無かった。その無から有が生じた』と言う。

しかし、まことと、愛児よ、どうしてそのようなことがあり得ようか？　どうやって無から有が生じ得ようか？　まったくそうではなく、愛児よ、太初、この世界は有のみであった。唯一で、第二のものは無かったのだ。」

どうですか？　憶えていますか？

黒木　うーん、その話、まったく憶えていません。

澤口　私は何となく憶えていますけど、インド哲学史の因果関係論を二分するそのような大きな対立軸があったなんて、気が付きませんでした。

宮元　そうだ、黒木さん、澤口さん、どちらでしたっけ、ソクラテス以前の哲学者とギリシア神話との関連について、少し調べたことがあるって仰っていましたね。授業中だったたか、授業時間外の雑談の時だったか、聞いた憶えがあるのですけど。
黒木　あ、それ、僕かも知れません。
宮元　黒木さんでしたか。黒木さん、何か神話から哲学へ純化される過程で、カオス（混沌）からコスモス（秩序）へというアイデアが大きな働きをしたとか、そしてそれが、タレスを始めとする色々な哲学者たちが、アルケー、つまり万物の根本原理を求める切っ掛けとなったとか、そのような話をされたと思うのですが、どうですか？
黒木　えー、そんなこと、どこかで言ったかも知れません。ただ、これ、古代ギリシア哲学史の何かの本で書かれていたことを、ふっと思い出して喋ったのかも知れません。そんなこと、もしそうだったとしても、僕、確信して言ったわけではないですけど。世界の始めは無で、そこから有が生じたとするウッダーラカ・アールニが批判している、古いヴェーダ聖典から連綿としてあるらしい見解を、ヨーロッパ系の研究者たちが、その「無」とは、有の正反対の無ではなく、有無分化以前の混沌、カオスのことではないかと言い始め、少なからぬ日本人研究者もそれを容認しているみたいですけど、どうなのでしょうか？

＊

宮元　まず、カオス、混沌、に相当するサンスクリット語はありません。それに、その無はカオスのことかもなんて言っている研究者たち、私の知る限り、因中有果論に真っ向から対峙する因中無果論、これを強烈な形で展開しまくったヴァイシェーシカ哲学の何たるかに、まったく無知であったとしか思えないのですね。

そもそも、そのヴァイシェーシカ哲学、これは私が機会あるごとに力説して来たように、古代ギリシアのデモクリトスの原子論とアリストテレスのカテゴリー論を、その学説の基礎としているのですね。インドに古くからあった因中無果論を、ヴァイシェーシカ学派は、ほかならぬ、かの古代ギリシア哲学を強力な武器として補強したと考えるのが妥当です。古代ギリシアについて、カオスからコスモスへ、神話から哲学へとシンクロナイズしていたとする学説は、まったく信用ならないものだと、私、強く考えます。

＊

宮元　カオスからコスモスへなる説を、ディオニュソスからアポロンへと図式化し、ソクラテスやプラトンの道徳秩序観を後のキリスト教の道徳観の出発点と見做して徹底して嫌い、カオス、ディオニュソスのレヴェルで、秩序に捕らわれず、いわば本能を全開して生きることこそ、人間の本来のあり方だ、ただ、本能を全開することによってわが身に降りかかる不都合について、それを運命として毅然と受け止める貴族的な気概こそが最高に貴いものだと、ニーチェは夢中になって論じましたね。ニーチェの父親は、敬虔で厳格なプロテスタントの牧師でして、この父親の生き方への反発とみずからが父親の教育の影響下にあることへの煩悶が、ニーチェの情熱と絶望の源泉だったのでしょうね。

ニーチェ最後の著作、『この人を見よ』の「この人」とは、人類の罪をすべて背負って、ゴルゴダの丘の刑場へと歩むイエスのことです。ニーチェは、みずからを人類のすべての運命を背負って、つまり隣人愛ならぬ運命愛を背負って、滅びの道をも厭うことない、現代の救世主、超人、新イエス・キリストに擬したのですね。

カオスからコスモスへの思想史観、それに猛烈な嫌悪感を吐露し続けたニーチェが果たした役割は、相当なものだったではないかと、私は睨んでいるのですけど。

＊

宮元　さて、因中有果論は世界の成り立ちについては流出論となりますね。これは一元で、第二のものがない一元なるものが、ある時、流出を開始し、そして森羅万象という現象界を展開するという説です。

このイメージ、皆さんにはかなりお馴染みのものだと思うのですが、どうですか？

黒木　はい、これはもう、ビッグバン宇宙論のイメージそのものではないかと、僕は前々から思っていました。

澤口　はい、私も同じです。はやぶさ、はやぶさ二号が、太陽系成立当初の様子を留めているはずだとされる、想像を絶するほど遠い、小さな小さなかけらのような惑星から岩石標本を採取して、みごとに地球に帰還した感動的な話もありましたし、生物の成り立ち、太陽系の成り立ち、そしてそもそも宇宙の成り立ちは、どのようなものだったのかについて、話題が溢れかえっていて、私も新発見とか新学説とかが出るたびに、わくわくさせられています。

宮元　では、因中無果論は、世界の成り立ちについてはどのような説明になると思いますか？一応、原理的に、この論では原因が結果を生ずるというのは、原因が、今まで無かったものごとを、新たに造り出すことだとなります。「新たに造り出す」ことは、サンスクリット語では「ārambha」、あえて新たな漢語を当てれば、「新造」となります。ですから、その論は「新造論」と呼ぶべきなのですね。

澤口　何か分かったような気がします。現在の結果は、それ以前の原因が新たに造ったものだ、としますと、その以前の原因も、そのまた以前の原因が新たに造った結果だと言え、これ、いつまで時間を遡っても、必ずそれを新たに造った原因があるということになりますね。流出論では、世界には、始まりとなる一元なるものが有ると言いますが、新造論ならば、その一元なるものも、それを新たに造った原因があってこそそのものだとなりますね。とすると、流出論では、世界には始まりが有るはずなのに、新造論では、世界には始まりが無いということになりますね。と、これで良いのでしょうか?

宮元　いや、御明察も良い所ですね。この二つの因果関係論では、一つは世界の始まりを前提とし、もう一つは世界に始まりは無いことを前提とするのです。

宇宙論で言いますと、ビッグバン宇宙論が前者、定常宇宙論が後者に相当します。定常宇宙論は、最近、とんと人気が無くなりつつありますが、一部の科学者は、ビッグバン宇宙論が重力なる力を重視しすぎる、電磁力こそが重力よりも宇宙の転変に影響があるとして、プラズマ宇宙論を唱えていますが、多勢に無勢、今や電磁力も、量子論の枠の中の四つの力の一つとして位置づけられつつありますので、風前の灯火の感がありますね。

どうですか?　世界・宇宙には始まりが有るとする、流出論という因果関係論と、始まりは無いとする、新造論という因果関係論と、皆さんはどちらを是としますか?

澤口　はあ、世界には始まりが有るという考えですけど、では、始まる前はどうだったのか、とか、始まらなくても良かったのかも知れないのに、何故始まったのかとか、すぐに疑問が浮かぶのですが、こうした疑問を解消する考えが、果たして有るのかな、と、また疑いたくなりますし。うーん、かと言って、世界には始まりが無いという考えも、これって論理的な無限後退になるのかどうか、はっきり分からないのですが、今の結果の原因、それにも原因があり、またそれにも原因があり、という話も、ちょっととりとめがなさ過ぎて、思考停止状態にしかならないのではないかな、と、これも何か気味の悪い話だなと感じます。

黒木　そうだ、思い出しました。世界には始まりが有るとする考えは、キリスト教の世界創造説でも、ビッグバン宇宙論でも、この二つの解説、というか弁明は、そっくりだなんて話、先生がずっと前に仰っていましたね。

宮元　ええ、その通りです。ローマ・カトリックでは、世界創造以前とか、神が世界を創造しようとした動機とか、こうした疑問を呈すること自体を禁止していますし、また、かつては、禁止というより物理的に禁圧していました。今は禁圧することは不可能ですが、そうした疑問は、神による世界創造、さらには神の存在を否定する考えに直結し兼ねないとして、相変わらず、警戒し続けていますね。

えー、世界には始まりが無いとする考えですが、これ、一応、仏教の基本スタンスです。勿論、ゴータマ・ブッダは、世界には始まりが有ったか無かったとの議論は、不毛な水掛け論で消耗し、修行の妨げになるとして、関わるなと強調しましたが、のちのアビダルマ仏教、学問仏教になりますと、この話は輪廻転生に始まりは無かったとの論となりました。何しろ輪廻転生は、因果応報、自業自得を鉄の法則としていますから、「最初の生き物」を絶対に認めません。もしも最初の生き物がいたとすると、何の因果でその生き物がそうしてあることになったのか、説明がつかないから、と考えるのですね。

私、思うのですが、どちらの説にしましても、途方もない「無限」論の迷路に入り込んでしまう惧れがあるのではないでしょうか？　どちらにも一理あるようですが、一方を取ってもう一方を捨てるのは、思考実験ならともあれ、健全なメンタリティに、いずれ危害を加えるものではないかと、これは直感ですが、そう思います。極論に走ることを避ける、これ、案外大いなる良策、大いなる智慧ではないかと思うのですけどね。

*

宮元　以上で、「因果論」の話は終わりとしますとともに、本日の授業もここまでとします。これまでも何回か言って来ましたように、哲学上の議論は切りがありませんが、授業時間には、大学の教務上のではなく、人間生活の物理上の問題として限りがありますのでね。

外はまだ陽が高いようですが、ちょっと一杯やりましょう。ビールはあいにく手元にありませんが、ワインかマルガリータでどうでしょう?

では、次回の授業までに英気を養う出発点として、乾杯!!

Ⅳ　流出論的存在論哲学

A　ウッダーラカ・アールニの「有の哲学」

宮元　標記の論題につきましては、前回の『インドの唯名論・実在論哲学』で、その基本的な構造を詳しく説明しましたが、ここでは改めて、その骨格だけを示すことにします。

まず、太初、この世界は、唯一にして無二の、大元素であり大語たる有のみがあった。

次に、その有は、「思うこと」によって、熱の元素を創り出した。その色は赤。

次に、熱の元素は、「思うこと」によって、水の元素を創り出した。その色は白（透明）。

次に、水の元素は、「思うこと」によって。食物の元素を創り出した。その色は黒。

次に、大元素たる有は、生命力である自己を伴って、それら三つの元素の中に入り込んだ。蚕蛾の幼虫が、みずから造った繭の中に籠るように。

次に、大元素たる有は、それら三つの元素を、三つ巴に攪拌した。繭の中で、蚕蛾の幼虫は、黄金色の蛹となり、細胞がiPS細胞ぐらいのレヴェルに初期化し、成虫の組織へと分化して行くように。

次に、三つ巴に攪拌されたものから、名称と形態が、森羅万象として生じた。成虫となった蚕蛾が、繭を破って外へと羽ばたくように。

と、ここまでの所、宜しいでしょうか？

黒木　はい、色についてのこと以外は、みな、よく憶えています。

澤口　はい、蚕蛾の蛹こそ、黄金の胎児のイメージの原型だと、これはもう忘れようとしても、とても忘れられない話ですよね。

＊

宮元　それでは、三つの色をした三つの元素が、名称と形態という森羅万象をどのように顕われるかを、ウッダーラカ・アールニのことばを追いながら見ることにしましょう。

なお、後で見るサーンキヤ哲学では、認識対象の構成要素（グナ）が、いわば三つの元素として万物を構成しているとされます。それは、白い（「透明な」も含む）純質（サットヴァ）、赤い激質（ラジャス）、黒い暗質（翳質、タマス）なのですが、これ、ウッダーラカ・アールニの三元素説を援用していることは明らかですね。

さて、ウッダーラカ・アールニのことばは、次の通りです。

火の中の赤い色は熱の色であり、白い色は水の色であり、黒い色は食物の色である。その火から、「火」という名称が取り払われれば、そこに見えてあるのは三つの色だけである。綴りの違いは、ことばの違いであり、名称以外の何ものでもなく、見えてあるのは三つの色だということだけが、違うことの無い、真実のことばなのである。

太陽の中の赤い色は熱の色であり、白い色は水の色であり、黒い色は食物の色である。その太陽から、「太陽」という名称が取り払われれば、そこに見えてあるのは三つの色だけである。綴りの違いは、ことばの違いであり、名称以外の何ものでもなく、見えてあるのは三つの色だということだけが、違うことの無い、真実のことばである。

月の中の赤い色は熱の色であり、白い色は水の色であり、黒い色は食物の色である。その月から、「月」という名称が取り払われれば、そこに見えてあるのは三つの色だけである。綴りの違いは、ことばの違いであり、名称以外の何ものでもなく、見えてあるのは三つの色だということだけが、違うことの無い、真実のことばである。

雷霆の中の赤い色は熱の色であり、白い色は水の色であり、黒い色は食物の色である。その雷霆から、「雷霆」という名称が取り払われれば、そこに見えてあるのは三つの色だけである。綴りの違いは、ことばの違いであり、名称以外の何ものでもなく、見えてあるのは三つの色だということだけが、違うことの無い、真実のことばである。

以上は、自分の外にあるものについての考察ですが、次には、人間である自分の側にあるものについて、考察が廻らされます。

食べられた食物は、三種に分かたれる。最も粗大な要素は糞となり、中ほどの大きさの要素は肉となり、最も微細な要素は意（思考器官、脳、マナス）となる。

飲まれた水は、三種に分かたれる。最も粗大な要素は尿となり、中ほどの大きさの要素は血となり、最も微細な要素は気息となる。

体内に取り込まれた熱は、三種に分かたれる。最も粗大な要素は骨となり、中ほどの大きさの要素は髄となり、最も微細な要素は発声器官となる。

つまり、愛児よ、意は食物より成り、気息は水より成り、発声器官は熱より成る、ということである。

（略）

愛児よ、牛乳が攪拌されると、微細な者は上昇し、楽となる。愛児よ、それと同じように、食物が食べられると、微細なものは上昇し、意となるのだ。

愛児よ、水が飲まれると、微細なものは上昇し、気息となるのだ。

愛児よ、熱が体内に取り込まれると、微細なものは上昇し、発声器官となるのだ。

つまり、愛児よ、意は食物より成り、気息は水より成り、発声器官は熱より成る、ということである。

これに引き続いて、次の話が語られます。理屈だけでなく、実体験によって、これが疑いも無い事実だと、父が息子に分からせようとするのですね。それは、次の通りです。

(父)「愛児よ、人間は十六の部分より成る。これから、十五日間、ものを食べてはならない。水は飲んでも構わない。なぜなら、水を飲まないでこれを続けると、水より成る気息(生命エネルギー)が絶えてしまい兼ねないからである。」

シュヴェータケートゥは、それから十五日間、ものを食べなかった。それから、シュヴェータケートゥは、父の傍らに坐った。

(子)「うーん、私は何を語れば良いのでしょうか?」

(父)「愛児よ、リグヴェーダ讃歌集と、ヤジュルヴェーダ祭詞集と、サーマヴェーダ旋律集とを諳んじよ。」

(子)「うーん、何と、私にはその文言の一つすらも思い浮かびません。」

(父)「愛児よ、火が大きく燃え上がった後に蛍一匹ほどの燃料が残ったとして、それをもとに火がまた大きく燃え盛るようにはなり得ないのと同じように、汝を成す十六の部分のたった一つだけが残ったとしても、汝は、それをもとにヴェーダ聖典を諳んじることが出来ないのだ。食べるがよい。そうすれば、この父の言いたいことが分かるであろう。」

シュヴェータケートゥは、食物を食してから、父の傍らに坐った。シュヴェータケートゥは、父が投げかけた質問に、すべて答えることが出来た。

（父）「愛児よ、火が大きく燃え上がった後に蛍一匹ほどの燃料が残ったとして、それに藁を継ぎ足して火を熾すなら、それでまた、火は大きく燃え盛ることになるように、愛児よ、汝を成す十六の部分のたった一つだけが残ったとしても、それに食物を継ぎ足せば勢いを取り戻すことが出来るのだ。汝は、これで、ヴェーダ聖典をすべて諳んじることが出来るようになるのだ。つまり、愛児よ、意は食物より成り、気息は水より成り、発声器官は熱よりなるということである。」

シュヴェータケートゥは、このことを理解したのである。シュヴェータケートゥは、理解したのである。

＊

宮元　それほど難しい話ではないように思うのですが、どうでしょうか？

黒木　はい、話の筋は分からないでもありませんけど、人間は十六の部分より成るって、どういうことなのでしょうか？

宮元　うーん、やはりそう思うでしょうね。このイメージの元は正方形なのですよ。

では、正方形に紙を切ってみましょう。はい、ここに置きますね。正方形は端正ですね。四つの長さと四つの角の角度は、みな同じですね。確かに円も端正だとは言えるでしょうが、ちょっと摑みどころに苦しみますね。

皆さん、中学校から幾何学を学びましたでしょ？　で、正方形にまつわる問題と円にまつわる問題と、何か印象が違うと感じたこと、ありませんか？

澤口　正方形の問題で、たいして難しい問題を解いたという記憶はありませんけど、円の問題は、簡単には解けない問題に苦労した覚えがあります。正方形は単純明快、円は複雑怪奇、うーん、思い出しました。

宮元　で、正方形はあまりにも端正過ぎて、それ一個で何かの秩序を象徴しようとするには無理がありますね。小さな正方形を、最低幾つ使えば、正方形が出来るでしょうか？

黒木　あ、四つですね。

宮元　私、予め小さな正方形の紙を何枚か手元に持っていますが、四つですね。ではどうぞ。

黒木　はい、出来ました。四つの小さな正方形を、こう並べれば、大きな正方形が出来ます。

宮元　はい、お見事！　などと言えば、馬鹿にされた気分になるかも知れませんので、ここでインド人のものの考え方について、ちょっと講釈することにします。

＊

宮元　今、黒木さんが作ったのは、四つの小さな正方形から成る大きな正方形ですね。すると、これは大きな正方形を、正確に四等分したのと同じことになりますね。四等分した一つ一つは、英語ならば quarter ですね。インドの屋台で日常用いる野菜を買うとき、今でも多くの商人は、天秤で量ります。基本は、四分の一キログラム、半キログラムの重りが用いられます。四分の三キログラムは、半キログラムの重りに、四分の一キログラムの重りを追加しますね。

さて、インドからは少し離れますが、陰陽道、あるいは風水でも良いのですが、基本的な方角としては幾つ数えるでしょうか？

黒木　東西南北の四方だと思いますが。

宮元　ええ、その通りです。ただ、中国では、またインドでもそうなのですが、方角を列挙するときはそうではなく、東南西北としますね。陰陽道では、これに独特の動物を配して、守護神のように扱いますね。それって分かりますか？

澤口　何でしたかしら？

宮元　平安京の、内裏の南門は、何と言いましたっけ？

澤口　あ、朱雀門です。そうか、北は玄武でしたっけ？

宮元　ええ、東には青龍、南には朱雀、西には白虎、北には玄武が配されますね。これ、そのまま四季の呼び名、そして人間の一生を象徴することばと直結しますね。東は春、南は夏、西は秋、北は冬、で、これを今の色に合わせれば、青春、朱夏、白秋、玄冬となりますね。北原白秋の白秋はこれに拠りますね。また若いころを青春と呼ぶのも、ここから来ているのですね。

で、インドに話を戻しますと、太古からインド人が夢中になる賭け事があります。これは、そこら辺の樹の実や豆で簡単に出来るもので、例えばたくさんの小さな木の実を場にどさりと置きます。それを、眼をつぶって、片手で適当数摑みます。その摑んだ好みの数が四で割り切れれば最強、四で割って三つ余ればその次、二つ余ればまたその次、一つ余れば、これ、最悪と、これを競うのですね。まさに博奕ですね。

で、ヒンドゥー教では、古くからこれを、歴史に当てはめます。四つの正方形は、皆、正義を意味します。四つがみなそろっていれば、理想的な社会、それから数が減って行き、四つのうちの一つだけしか残っていなければ、世も末、正義は悪徳に圧倒されると、そのような考えです。世界の色々な民族で、古くから堕落史観はありましたが、これがインドの伝統的な堕落史観なのです。

これを、人間の生命力に応用しようとして、どうですか、小さな正方形が四つでは、単純過ぎると思いませんか。人間の生命力、人格は、四等分では説明しきれそうもありませんね。そこで、昔のインド人たちは考えました。どうでしょうか、小さな正方形を四つ並べれば、大きな正方形が出来ますが、もっと小さな正方形の数を増やして、さらに大きな正方形を創ろうとするなら、どうすれば良いと思いますか？　最低限必要な枚数は何枚でしょうか？

あ、黒木さん、分かったようですね。

黒木　ええ、小さな四つの正方形から成る正方形を、同じように並べれば一段大きな正方形が出来ますから、四掛ける四で、十六枚あればよいことになると、そういうことですね。

宮元　ええ、その通り。四掛ける四で、計十六個の小さな正方形があれば足りますね。

で、それ以上大きくすると、人間の生命力の加減を量るには、部分の数が多すぎて、これも良くない、ということで、人間の生命力は十六の部分より成るとすると、何かと説明しやすいというところに、自ずから落ち着いた、という訳です。

生命力の部分が多ければ多いほど、その人は強く、立派だとなりますね。で、これは古いパーリ語仏典にも出て来るものですが、相手に最大の敬意を払うときには「私は、あなた様の十六分の一にも及びません」が、常套句になっているのです。

＊

宮元　と、以上の「人間は十六の部分より成る」についての、確かな文献にもとづく話はそれとして、シュヴェータケートゥが、水は摂るとはいえ、十五日にわたって食を断った、そして父、ウッダーラカ・アールニは、十六日目に、食事を摂れと命じたと、このことについて、私、色々と考え合わせたくなることがあるのですよ。

ま、こんなこともあるかなという程度の話ですので、軽く聞き流して下さって結構です。で、前々回の『インド哲学教室①　インドの死生哲学』（花伝社、二〇二二年）の授業の中で、私の断食体験について、ちょっと触れましたね。私は、大学院生だったころ、ひどい口内炎を切っ掛けに、七日間、水は摂りましたが、食は完全に断ったことがあります。

本格的な断食道場では、完全な断食は七日を限度としています。それは、いくら水は摂っていたとしても、生命活動に関わる生理としては、危機的なことでもあり、それ以上続けることが危険だということが、断食の長い歴史の中で明らかになっていたからだと、私、確信しているのですけどね。

で、ここでまず考えたいのは、今日の比叡山でも、千日回峰行に挑み、満行して、阿闍梨となるというとてつもない偉業を成し遂げる方が、現れ続けていることです。

千日回峰行は命懸けの荒行ですが、その仕上げの行が、信じがたいほどのものなのですよ。いよいよ満行となると、行者はお堂に十一日にわたって籠ります。そして、お堂の中央に安置されている仏像の周りを、右回りに、不眠不休、食も水も摂らず、回り続けるのです。

千日回峰行を満行した阿闍梨さんが、その行を回顧した記録がありますが、それによると、なぜ十一日間なのかについて、それ以上続けて無念にも命を落とした行者さんが過去に少なからずいらっしゃったからではないか、と仰るのですね。経験則による、ということです。恐ろしい経験則ですね。

それから、出家の修行者でなくとも、在家のヒンドゥー、それもいつのころからか、家庭の主婦限定みたいなのですが、「ヴラタ」（誓戒）と称して断食が行われることが、珍しいことではないのです。

一般的には、このヴラタは、週に一日、断食するというものですが、この大規模ヴァージョンもありまして、それは「四カ月断食」（チャートゥルマーサ）というものです。

これは、まず、満月に日には普通の量を食べ、それから新月に至るまで、一日一日、食べる量を十五分に一ずつ減らして行き、新月の日にはまったく食を摂らない、そして、新月の次の日から、満月の日の全量の十五分の一ずつ増やして行くと、これを四カ月間続けるのです。

インド独立の父、ガーンディーの母親は、敬虔なヒンドゥーで、この四カ月断食を何回も行ったとされます。

で、ここからは私の想像なのですが、家庭の主婦は、出家修行者ではありませんが、昔は、いや、ひょっとして今もいるかも知れませんが、苦行に身を挺する出家の修行者の中には、満月の日から新月の日までの十五日間、水は摂りながらも、食は完全に断つ行をなす人びともいたのではないかと思うのですね。

十五日間の完全断食、これ、私はあまりにも危険なので、やってみようと考えたことがありませんが、苦行に打ち込む修行者は、とんでもないことを敢行しますからね。

もう今から二十六年前のことですが、研究のため、インドで一年近く滞在していたのですが、一応、毎日、運動も兼ねて、下宿から二十分ほどのところに食材を買いに行きがてら、新聞スタンドで英字新聞を二誌、毎日購入していました。

ある日の新聞の、紙面の三分の一ほどを占める記事に、サンスクリット大学、あ、インドで大学（university）は、大学院大学のことなのですが、その一人の学生が、古い文献に見える、ある苦行者たちの行が本当に可能なのかと思い、その行を敢行したというものです。

それは、インドでは何かと神聖視されているベルという名の樹木の葉だけを一年間食べ続けて、何の健康上の問題もなかった、という報告書を出した、というものです。

私は、そのベルという名の樹木を見たことがありませんが、その樹の実はたいへんに美味だという話だけはよく耳にしていました。でも、実ではなく葉、それだけですから、やはり仰天物の話でした。

というあたりから、想像を巡らせますと、水を摂りながらの十五日間の完全断食も有り得たのかなと、ただ人間の生命力は十六の部分より成ると、昔から言われていますので、完全断食は十五日間を限度とし、十六日目からは食を摂ると、これ、結構広く苦行者たちの間で行われて来ていることなのかも知れませんね。

以上、話は終わりにします。で、この話について、みなさんはどう思いますか、なんてお訊きするつもりはありません。ま、そのような話もありかなと、軽く受け流してくださって結構です。

いや、ご清聴、有難うございました。

＊

宮元　さて、ウッダーラカ・アールニの「有の哲学」を巡っては、ここで議論は一段落としましょう。ウッダーラカ・アールニについては、これまでも何回も取り上げましたので、みなさんも、もうかなり馴染んで来たのではないでしょうか？

黒木　はい、仰る通り、毎度お馴染みのって感じで、何か親近感を憶えるほどです。

澤口　私もそうです。天才っていうと、何か凡人には取り付く島もない冷たい人、というイメージがありますが、ウッダーラカ・アールニは、自分に分からないことがあれば分かる人に教えを乞うとか、謙虚だし、説明も結構具体的、懇切丁寧だとか、この人の話を聞けば聞くほど、いい人だなと思ってしまいますね。

宮元　そうですか、私も哲学史を扱う時に、好き嫌いの感情を持ち込むのはいかがかと思わないでもないのですが、かくいう私も、それなりの考え、価値観で長年生きて来ましたから、好き嫌いはともかく、波長が合う合わないという感覚は、いかんともしがたいとも思いますね。むしろ、そうした、いわゆる主観的なことも隠さずに、正直に明らかにしておく方が賢明かなと、前々から思っています。

では、十五分、休憩としましょう。

B　サーンキヤ学派の二元論哲学

宮元　さて、サーンキヤ学派の二元論哲学ですが、これについては皆さん、どれぐらい知っておいででしょうか?

澤口　十五年前の最初の授業で、確か、認識主体が認識対象に無関心になることが、仏教で言えば涅槃とか寂静の状態にいたることだと言っている学派ですね。夏目漱石が一高時代に、授業でこれに大いに関心を抱いたと、それが実験小説みたいな『草枕』の「非人情」になったと、確かそのような話だったたと思います。えーと、それから漱石は、四十九歳で亡くなっているので、その晩年、といっても、かなり若いのですが、「非人情」と同じ趣旨の「則天去私」を座右の銘みたいにして、揮毫していますね。以前、テレビの古書鑑定で、漱石真筆のこれの掛け軸が、それなりの値だと鑑定されました。

宮元　えー、では黒木さんはどうですか?

黒木　はい、漱石がサーンキヤ哲学に深い関心を抱いていたという話はよく憶えています。漱石の掛け軸の値段までは知りませんけど。

宮元　では、皆さんは二元論の二元が、何となくではあれ、認識主体と認識対象、それぞれ一元、併せて二元ということは、理解されているようですね。では、少しインド的二元論の来歴について、考えてみることにします。

＊

宮元　今、「インド的二元論」と、「インド的」と限定してしまいましたが、この限定、今だけで良いですから、無いものとして考えてみてください。

では「二元論」と聞いて、みなさんは具体的に、どのような二元論を思い浮かべますか？

黒木　まあ、一応大学の哲学科に四年間いたわけですから、哲学史の話で二元論といえば、デカルトの「心身二元論」とか、「物心二元論」あたりでしょうか。

澤口　ええ、私もそうだと思いますけど、ヤージュニャヴァルキヤやゴータマ・ブッダによれば、心身も物心も、認識主体VS認識対象の枠で言えば、どちらも認識対象ですから、インド側からすれば、デカルトのはちっとも二元論ではないことになると、私は理解しているのですが。

黒木　あ、そうそう、それ、先生から聞いた話なのか、色々これまで読んできたインド哲学は仏教学の本で知ったことなのか、どちらか分かりませんが、デカルトの二元論なるものは、インドの方から見ればちっとも二元論ではないと、これは本当にそうだと実感していますけど。

宮元　仰る通りです。今までも、繰り返し考察してきたところですが、ゴータマ・ブッダが自身を構成している要素を五つに分けた五蘊説、またお浚いしておきましょう。
　五蘊、どのようなものか、説明して下さいませんか？

黒木　色受想行識の五つで、色が身体、後の四つが心で、こうした五蘊は、自己、アートマンではないと、そうでしたね。

澤口　それって「五蘊非我」ということですよね。で、その五蘊は、自己ではないのに、自己だと錯覚して執著することが我執だということになりますね。

宮元　はい、皆さん、もうしっかりとこのことが頭に刻み込まれているようで、安心しました。で、前も言いましたように、ゴータマ・ブッダは、五蘊は我執という執著の対象だということを強調するために、しばしばただの「五蘊」ではなく、「五取蘊」と表現したのですね。これ、ヤージュニャヴァルキヤの認識論の構造を、少し詳しくした考えになりますね。だから、デカルトの心身二元論の二元である心身は、ゴータマ・ブッダの五取蘊に他ならないのですね。
　インドの自己、ātman、英語ならば self と、デカルトの「心」や、西洋哲学や心理学でいう自我、ego は、まったく違うものなのですね。

＊

宮元　で、この本格的な理解に先立ちまして、まずはサーンキヤ学派の二元論の来歴から話をすることにします。しばし、「認識主体VS認識対象」という哲学用語から離れてみてください。

＊

宮元　では、世界の生成に関わる二元論、という観点から考えてみましょう。

黒木　善悪二元論がありますね。ゾロアスター教がそれを唱えたものが、キリスト教の「天使VS悪魔」に反映されるようになったという話ですが。

宮元　はい、ゾロアスター教の善悪二元論は確かに、後のさまざまな宗教思想に強烈な影響を及ぼしましたが、それは出来上がっている世界のあり方の説明にはなりますが、両者が絡まって世界を創り出した、という話からは、随分と遠いところにあるのではないでしょうか？

少しヒントを差し上げますが、生き物が生まれるのに必要な二元って何だと思いますか？

澤口　あ、それ、男女二元論でしょうか？『古事記』では、伊弉諾と伊弉冉の夫婦の神様が和合して、伊弉冉が妊娠し、そして次々と産み落としたものが、日本の森羅万象となった、という話になっていますね。

宮元　はい、その通りです。えー、「母なる大地」って、よく聞くと思いますが、それの相方である父は何なのでしょうかしらね？

澤口　「天地」と言われますから、父は天でしょうか？　「母なる大地」はよく聞きますけど、「父なる天」という言い方は、馴染みがありませんけど。

宮元　はあ、それは私もそうですが、澤口さんが日本人だからではないでしょうか？　日本古来のアニミズム的な発想からしまして、八百万の神様たちは、天空はるかかなたというよりは、身近なそこらの至る所にまします、という感覚ですね。

確かに古事記の神話では、天照大神は高天原という、はるか天上にいらっしゃいますが、太陽神ですからね。

ギリシア神話に最高神はゼウスで、これがラテン語では「デウス」となり、切支丹では「天主」となりましたね。「天にまします我らの父よ」と唱えながら、天を仰ぐというのが、切支丹のイメージですが、アニミズムでも仏教でも、それはないですね。「天を仰いで祈る」なんて表現が珍しくなくなったのは、明治時代も後半になってからの話です。その頃、内村鑑三さんなど、クリスチャンのインテリが強い発信力を持っていたことが大きいと、私、考えるのですけどね。ま、「天を仰ぐ」は、中国の天帝思想の影響を受けた表現ではあるのですが。

これ、まったくの余談ですが、あの戦国時代の終わりごろから江戸時代の初めにかけて建造された、城郭の中心的なシンボルとなるあの天守閣は、もとは「天主閣」と表記されていました。どういうわけかこう説明されることがないのですが、これってローマカトリックの大聖堂、カテドラルの和訳だと思うのですよ。

＊

宮元　このままでは脱線になり兼ねませんので、話を元に戻しましょう。言わんとするのは、母が大地、父が天という捉え方は、とりわけ農耕に生きる人々にとってはごく自然の発想法だと言えそうなのです。雨が降ってくれて初めて大地で作物が実るのでして、ちょっとあけすけもない言い方をしますが、天が降らした雨は父の精液、それを受けて孕み、豊かに作物を出産するのが母なる大地と、こういったイメージですね。

露骨な性的イメージは、いわゆる文明が発達すると、つまり都会的に洗練されて行くと、日常生活での表現の表には出にくくなるのですが、そう簡単に消え失せることはなく、人類の思想の根幹を占め続けて今日に至っていると、そう考えると、色々なことに合点が行くと思いますよ。日本にもすっかり根付いている陰陽の思想、これは易学や風水の、何か知的で洗練された感じのものの底にある、もっと露骨な性的な発想が根本にあるのですね。

日本の各地の神社の境内に、陰石、陽石と呼ばれる大きな石がよく置かれているのですが、見たことありますか？

黒木・澤口　いえ、ありません。

宮元　そうですね、そこに立て札や解説パネルが添えられていることは滅多にありませんから、無理はないかも知れませんが、陰石は中央が窪んだ石、陽石は中央が出っ張った石でして、もうお分かりのように、陰石は女性器を、陽石は男性器を表しているのですね。男女和合、夫婦和合が、子孫繁栄、家、一族の繁栄の源なのですから、「性器崇拝」と言うとちょっと即物的過ぎて公の場で口にすることに躊躇したくなりますが、まああけすけに言えば、それに間違いないわけでして。

この話、実に多方面に広がりを持っていますが、これについは定方晟先生の『インド性愛文化論』(春秋社、一九九二年)を参照してください。

はい、この本です。以前に紹介した先生の著作と同様に、図版が豊富に掲載されていますので、読みやすいですよ。それから、定方先生は比較文化論を研究の軸にされていますので、インドだけでなく、広く洋の東西の文化にも言及がなされていますので、おすすめします。

*

宮元 それでは、サーンキヤ学派の二元論の体系を眺めることにしましょう。

まず初めに、プルシャとプラクリティの二元が設定されます。直訳すれば、前者は「男」、後者は「自然、始源」となります。文法的には、前者は男性名詞、後者は女性名詞ですので、この学派では、プルシャは「男の観客」、プラクリティは「女の踊り子」に譬えられます。そして、本来は別々のもので無関係のはずなのですが、男が観客の立場から女の踊り子に「関心」を持つと、関心を持たれた踊り子は、まるでそれによって促されたように踊り始めます。この踊りは、みずからを始源として、対象世界の森羅万象を流出させることの譬えなのですね。

次にこのプラクリティから、記憶の集積所としての心が生じます。

次に、「我の字」（アハンカーラ、「私」の字）なるものが生じます。これ、先に考察しましたが、憶えていらっしゃいますか？

黒木　はい、いわゆる統覚と言われているもので、自己が経験的に知ったことの記憶を、時系列に沿って並べる機能というか、えーと、自己同一性の根拠となる機能を果たすものです、と。

宮元　はい、その通りです。

で、その次には、五つの行為器官と、五つの感覚器官と、一つの思考器官と、五つの「端的なるもの」が生じます。

五つの行為器官とは、発声器官、両手、両足、排泄器官、生殖器官、以上の五つです。

五つの感覚器官とは、耳、皮膚、眼、舌、鼻、以上の五つです。

一つの思考器官とは、意、マナス、平たく言えば情報処理機能を果たすものとしての脳です。

五つの「端的なるもの」（タンマートラ、漢訳で「唯」）とは、五つの感覚器官のそれぞれが直に捉える対象のことで、音声、冷・熱・非冷非熱の感触、色かたち、味、香の五つです。

ゴータマ・ブッダの知覚論でも同じことですが、例えば、眼が直に捉えるものは、「四角くて平らで茶色な」、でしかなく、いきなり机そのものを捉えるのではないということです。これ、十八世紀ドイツの哲学者カントも同じことを言っていますね。「机」なる物自体は、決して感覚の対象にはなり得ないとね。

次に、この五つの「端的なるもの」のそれぞれから、五つの元素が生じます。それは、虚空、風（空気）、火、水、地、以上の五つです。

＊

宮元　さて、サーンキヤ学派の世界流出論、これは紛れもない存在論ですね。でも、どうですか？　古来の、主として農耕民族の世界創造神話の基本である、男性原理と女性原理の二元論を、土俗的な神話から洗練された哲学レヴェルに引き上げるに当たって、サーンキヤ学派は、ヤージュニャヴァルキヤやゴータマ・ブッダの認識論、これは「認識主体VS認識対象」を基本に据えた考察の体系なのですが、その二つを存在論上の二元と見做して、つまり認識論だったものを換骨奪胎して、存在論に仕立て上げたと、そう考えると、納得の行くことが多々あると私は思いますね。

どうでしょうか、認識論からすれば、まず認識主体である自己が、感覚器官を介して認識されるべき対象を捉え、それを意なる情報処理器官としての脳でそれを処理し、統覚機能を介して、認識された事柄の記憶を時系列にきちんと並べ、それが記憶に刻み込まれると、そういう順番で考えると、これは、当然のことですね。

ですから、この認識論的発想を、強引に存在論に引き写そうとすれば、常識的には、まず対象があり、それを捉える感覚器官があり、それが捉えて来た情報を処理する脳があり、その中で、時系列に沿ってそうした情報の記憶が並べられ、それが、心に蓄積されると、こういう順番になるはずですね。

ところが、今見たサーンキヤ学派の流出論では、プラクリティから心が、心から統覚が、統覚から感覚器官などが、その一部から捉えるべき対象が、という順番になっていますね。これって素直にすぐに理解出来ますか?

澤口　はい、そう言われてみれば、私なんかが考えたくなる順番と違うというか、まるっきり逆ですね。元素という外界の認識対象を構成するものが先になければ、それを認識するなどということはあり得ないと思うのですが。

黒木　僕も変だなと思います。その、プラクリティからまず心、あ、これって記憶の集積所だということですが、認識よりも記憶の方が先だなんて、これ、どう理解したらよいのか、まったく見当が付きません。どうなっているのでしょうか?

宮元　なるほど、皆さん、私の予想通りの疑問を持たれましたね。そうした疑問を抱くのは当たり前で、すんなり、そうだと思う方がどうかしていると思いますよ。

でも、私、こう考えているのですよ。つまり、認識、あるいは経験的に得られる知識というのは、それなりの条件、準備段階がなければ成り立たないと、こう考えてみてはいかがでしょうかしらね？

皆さん、小中高で、運動会とか体育祭とか、経験したことがありますか？

澤口・黒木　はい、勿論、あります。

宮元　では、皆さんはそのための準備に関わったことがありますか？

黒木　えー、そう言われましても、うーん、小学校の時は先生から指示された通りに白線を引いたり、体育倉庫から必要なもの出す手伝いをしたりと、その程度でしたが。中学校の時のことはあまり記憶にありませんけど、高校の体育祭では、生徒の実行委員会があって、計画や企画や、色々手配していましたね。僕はその委員ではなく、ただ見ているだけでした。

澤口　私、高校では実行委員でした。体育祭ってどこでも同じようなものだと思われているみたいですけど、本番に向けての準備万端を整えるって、結構頭も体も使う、大変な仕事だということも、身に沁みて実感した覚えがあります。

宮元　そうでしょうね。私、高校の時、体育祭ではありませんが、修学旅行実行委員を務めましたが、それはもう夢中になりました。ですから、準備万端を整えて体育祭を成功に導く仕事をされたこと、とても良い経験だったと思いますよ。

で、余りにも当たり前過ぎる話だとは思いますが、運動会や体育祭のフィナーレを盛り上げる競技は、クラス対抗リレーですよね、で、澤口さん自身だったかどうかは知りませんが、その、実際に行われたリレーの結果は、何かの形で記録されたと思いますが、どうですか？

澤口　はい、記録係がいましたので。

宮元　では、御訊きしますが、体育祭に向けての準備をまるっきり行わず、白線も引かず、ゴールテープも用意せず、スタートの合図もせず、さらに予めリレー選手の登録も行わず、それでリレーの結果を記録出来たでしょうか？

澤口　はいー？　出来たはずがない、と言いますか、先生、何を仰りたいのでしょうか？

宮元　リレーの記録を留めるためには、当たり前ですが、実際にリレーが行われなければなりませんね。そのリレーが成り立つためには、場所の整備や人選など、さまざまなことが予め準備されていなければなりませんね。

では、私たちが、どこかで、思いもかけず見事な桜の花を自分の眼で見たとして、何しろ、初めてそこで見た桜なのですから、見る前にそこに見事な桜があったと思いますか？

澤口　えー、見るまで知らなかったとはいえ、自分の眼で見たからには、自分が見る前からそこにその桜はあったと考えるのが普通だと思いますが。何かおかしいところがありますか？

宮元　いいえ、何もおかしいことはありませんよ。自分の眼で見るまで、そこにそのような見事な桜があったことは知らなかったけれど、見たからには、前からそこに桜があった、あるのだと、これ、仰るように、普通のことですね。でも、どうですか？　自分の眼で見る前、そこに見事な桜が有ることは知らなかったでしょうね？
澤口　勿論、そうですが。
宮元　では、たまたまその桜が咲くまで、そして、たまたまそこを通りかかるまで、たまたま通りかかりながら見上げるまで、もし、その桜を見た人が澤口さんだったとして、澤口さんの知る世界に、そこに見事な桜は有ったと確定されていたでしょうか？
澤口　うーん、それはないですね。初めて見るまでは、そこにそのような桜が有るとは知らなかったのですから。
宮元　あ、今、澤口さんは、かなり重要な問題の入り口を、図らずでしょうが、示したことになるのですよ。

　で、御訊きしますが、「初めて見るまで、そこにそのような桜が有るとは知らなかった」と仰ることの真意は、見て知って、初めてそこに桜という視覚の対象が有ると認定出来たということですね。すると、視覚であれ何であれ、経験的に今まで知られなかったものは、初めからなかったものだ、とは仰っていないということになりますが、それでよろしいですか？
澤口　えー？　あ、そこまで言われますと、確かに、今まで経験的に見たことも聞いたこともないからと言って、それがそもそもないものだったのだとは、そう簡単には断言できませんね。桜の話ですが、私が目の当たりにしたから、それは有ると確定出来ることは確かですが、私が目の当たりにするまで、それが無いものだというはずはありませんね。

宮元　えー、大変な難題のようで、澤口さん、もどかしい思いでいらっしゃるようですが、ちょっと簡単に考え直してみませんか？

つまり、ことの真相は、認識出来たかどうかと、その認識対象がそもそも前から有ったのか無かったのかとは、発想が違うのですね。私が「存在論VS認識論」という発想の対立軸に拘っている、そのポイントがここにあるのですけどね。

改めて御訊きしますが、自分が知っているものは有る、自分が知っていないものは無いと、こう主張する人がいたとして、みなさん、どう考えますか？

黒木　さっきから、先生と澤口さんの遣り取りを聞いていたのですが、何か重要なポイントが、こんなありふれた問題に潜んでいるとは、今まで気が付きもしませんでした。

見たことも聞いたこともないものが、実は有ったとか、有るとか言われても、人は戸惑うでしょうし、あなたは知らないだけで、本当は有るのですよ、あるいは本当は無いのですよと、何かしら信頼できそうな「気がする」人から言われると、何か反論できない気分から、何となく、そう主張する人の意見を結果的に認めてしまうと、これ、考えて見れば、随分と恐ろしい話ではないでしょうか？

澤口　あ、そうですね。他愛もない「だそうですよ」「かもしれないね」といった無責任な噂話から始まって、悪意からするフェイクニュースとか、ましてや人心を広く操ろうとする、陰の権力が仕掛けた陰謀論だとか、あ、これって認識論を存在論の問題にすり替える、他愛もないレヴェルから、意図的な悪質極まりないレヴェルまで、うーん、恐ろしい話ですね。

宮元　ええ、認識上の問題を存在の問題に無造作に絡めると、インチキ論法にすぐに繋がり兼ねない危険性も伴うということですね。

前回の『インド哲学教室②　インドの唯名論・実在論哲学』（花伝社、二〇二三年）で、かなり丁寧に取り上げたつもりですが、ゴリゴリの実在論哲学の旗手、ヴァイシェーシカ学派は、「実在する」を、「有る」「無い」とはまったく切り離して論を立てると、これ、どういう風だったでしょうか？

黒木　「真四角の円形ドーム」など絶対にあり得ないのに、そうだとすぐに理解出来るのは何故か、という問題、現代論理学の基礎付けに大きく貢献したクワインなどが悪戦苦闘したのに対し、ヴァイシェーシカ学派ならば、これを軽々と処理できる、という話だったですね。

宮元　ええ、その通りです。では、ヴァイシェーシカ学派ならば、「ドラえもんのタケコプター」はどう扱うでしょうね？

黒木　「ドラえもんのタケコプターは、フィクションとして実在する」ですね。

宮元　では、「弁慶の七つ道具」はどうでしょうか？

黒木　あ、これも凄い話で、「弁慶の七つ道具は、有ったか無かったか分からないものとして実在する」と、何にでも応用が効きますね。

宮元　では、有るのか無いのか、これ、別に哲学上だけの話ではまったくなく、日常生活でも考えられたり議論されたりする事柄ですね。

では、「実在する」で終わりとするのではなく、有るのか無いのかはっきりさせようとするには、どうすれば良いでしょうか?

澤口　有るのか無いのか、その根拠を示せば良い、ということになりますね。

宮元　例えば、どんな風にですか?

澤口　え、問題となっているものを指して、「ほら、見えるでしょ」とか。

宮元　そうですね。その場合、根拠は自他ともに認める知覚、感覚ですね。

では、朝、目が醒めて外を見たら、地面が濡れていたと。そこから、自分が寝ていた間に雨が降ったのだなと理解すると、これはどうでしょうか?　今は雨が止んでいますから、「ほら、雨が降っているのが見えるでしょ」とは行きませんね。

澤口　あ、それ、推論ですね。

宮元　そうです。で、こうした問題領域は、認識の根拠論、知識論として、インド哲学のどの学派でも大変に重視されます。

知識論につきましては、近いうちに授業で詳しく扱おうと思っていますので、乞御期待。ちょっと話が長くなって来ましたので、そろそろ切り上げようかと思います。つまり、サーンキヤ学派の二元論的流出論は、ヤージュニャヴァルキヤやゴータマ・ブッダが展開した認識論的なものの見方を、存在論に置き換えたものだと言えますが、そのため、他学派からインチキ論法との批判を受けることを回避するために、知覚や推論などで、根拠を示すことに腐心したのですね。

そこから、後のインド哲学の「結論」を示す決まり文句として、「以上により、～が有ることが確定された」が用いられることになったのでね。ですから、そうしたやや成立の後の哲学文献を読む際には、この文句が出て来るところで議論が一段落するとして、切れ目なしにべったらこに続く文章に、段落を付けると、こうすることで理解が容易になると思います。

＊

宮元　さて、サーンキヤ学派の体系では、心が先に生じ、認識対象が最後に現れるという構造になっていることの最大の理由は分かったとしまして、もう一つ、心から始まった森羅万象が、という構造、これは我執という、あ、我執って仏教だけが問題としているのではなく、あらゆる宗派、学派の根本問題なのでして、その我執の拠って起きる理由を、手に取るように分からせる利点があるのですね。

＊

宮元　さて、「私、自分とは何か」を巡る議論は、昔も今も盛んで、皆さんもそのようなタイトルの本が幾つもあるのを見たことがあると思います。執筆者は、まず例外なく西洋哲学畑の人ですが、私の正体がどこにあるのか、どうやって探そうとするか、見当が付きますか？

黒木　うーん、自分とは心のことなのか、身体のことなのか、その二つが一体となった何かなのか、という方向で考えるでしょうね。僕は、ずっと前の先生の授業で、ヤージュニャヴァルキヤやゴータマ・ブッダが言う自己は、身心とは無関係のものだという話を聞いて、あ、なるほどと納得していますが、西洋哲学畑の人々は、自己と自我の区別が付いていませんので。

宮元　ええ、その通りです。で、黒木さん、自己と自我が無関係だと考えるようになった、それ以前は、どう考えていたでしょうか？

黒木　自分を探そうとして、自分の心の内を見尽くそうとしました。

宮元　で、見尽くせましたか？

黒木　いえ、ただもう、迷路の中を右往左往というか、堂々巡りの繰り返しというか、どこに考察の終着点があるのか、まったく見当が付かなくなりました。考えれば考えるほど、どんどん終着点の在り処が見えなくなっていくって、そのような感じでした。

澤口　私もそうです。世の中でよく聞く「自分探し」は決して成功しない。ヤージュニャヴァルキヤの認識論を知って、初めてその理由が明々白々になりました。哲学の話で感動するってこと、ほとんど無いですが、あの時は本当に感動を憶えました。

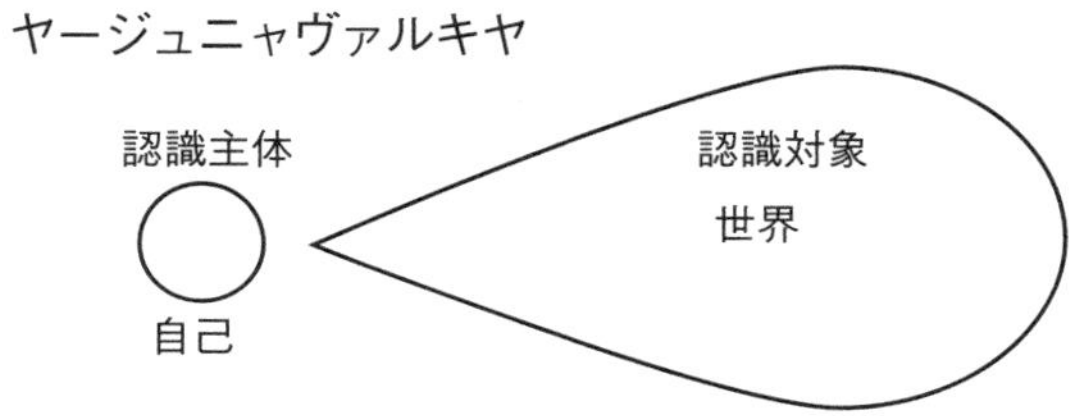

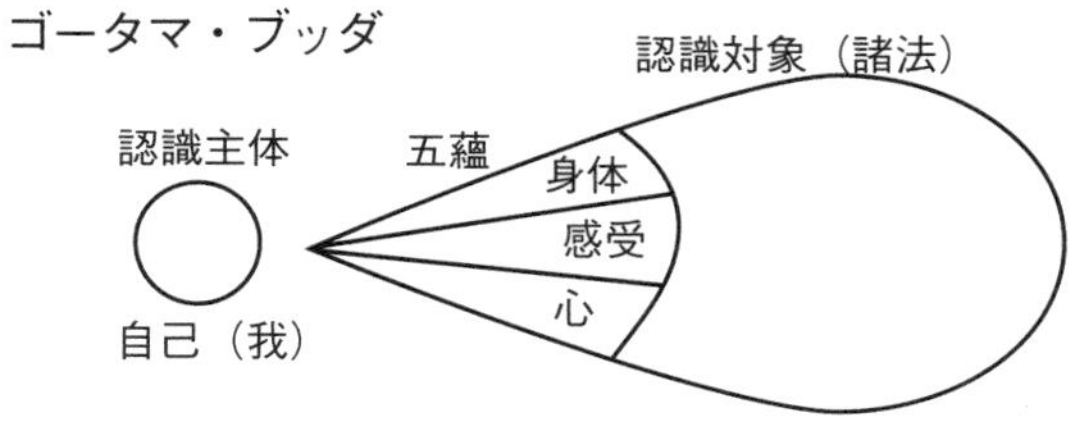

宮元　それはそれは、良かったですね。

さて、ヤージュニャヴァルキヤの認識論を、図にすれば、上の図のようになりますね。

これに、ゴータマ・ブッダの五蘊説を組み入れれば、下の図のようになりますね。

で、ここが肝要なのですが、この図は、認識論を視覚化すればこうかなという、あくまでも便宜的なイメージを示したものです。

ところが、サーンキヤ学派は、存在論を視覚化した図だと捉えたのですね。

すると、どう見えますでしょうか。

左の丸は、認識主体であるプルシャ、他の学派では、普通アートマンですが、ま、自己ですね。そして離れているとはいえ、プラクリティはプルシャのすぐ右隣りにありますね。そして、プラクリティから右へ、まるで扇のように、遠くへ遠くへと、森羅万象が拡がって行きますね。

それから、古くからインドでは、ものを知るということは、知る主体が対象を照らし出すようなものだとイメージされて来ました。真っ暗闇では何も見えませんが、光を照らせば、ものがはっきりと見えるようになりますね。

さて、プラクリティからやがて森羅万象が流出する切っ掛けは、プルシャがプラクリティに関心を向けることだと、先に説明しましたが、これはプルシャがプラクリティに光を当てるというイメージにもなるのですよ。

プラクリティ自体は、何もなければ中身が分からないものでしかありません。未分化そのものですからね。では、プルシャが照らし出す最初のものは何だと思いますか?

澤口 あ、それ、プラクリティから最初に出て来た心ですね。

宮元 プルシャが出す光に照らされた心は、どのように見えるでしょうね。

澤口 明るくはっきりと見えると思いますが。

宮元 と、それならば、心が明るく輝いて見える、と言い換えても良いですよね。

例えば、月は自ら輝きませんが、「月の光」とか、「月の輝き」と、私たち、何も不思議に思うことなく表現しますね。月は、何故みずから輝くと見えるのでしょうか。あまりにも当たり前の話ですみませんが、どうですか?

澤口 あ、それもう、月は太陽の光を受けて、それで地球にいる私たちからは、太陽が沈んでしまったのに、月明かりで夜道も楽に歩けるわけで、そういう話になります。

宮元　するとこうなりますね。プルシャは心に光を当てる。そこでプルシャは心を見るわけですね。では、プルシャは何の道具にもよらず、心を見ることが出来るでしょうか？
　ものを見るために必要な道具、というか手段、これ、何だと思いますか？

澤口　見るのですから、眼を通して見ると、そういうことになります。

宮元　見たものが何であるかを知るためには、視覚情報を処理する器官が必要ですね。つまり、意、つまり脳を通しますね。で、それによってプルシャは、脳、つまり心が自ら光を発するものであるとの知識を得ますね。それが、我の字の交通整理によって、他ならぬその心に、記憶として蓄積されますね。するとプルシャは、うかつにも自分こそが光るものであることを差し置いて、心が光るもの、つまり、認識の主体であると、錯覚することになりませんか？

黒木　そういうことですか。ゴータマ・ブッダが、自己でない五蘊、つまり身心を自己だと錯覚して執著することが我執だとしたのと、同じ話になりますね。
　ですから、ヤージュニャヴァルキヤやゴータマ・ブッダの認識論の構想を、強引に存在論の構想に置き換え、しかも流出論というみずからの古来の観点に立てば、プルシャのすぐ右隣りに心があるという距離感は、うってつけの理論構築の材料になったのですね。いやー、なかなかのアイデアだったと言えるでしょうね。と、これについて、何か質問はありますか？

澤口・黒木　ありません。なかなか巧妙だったのですね。

＊

宮元　ここで、どうしても考えて置きたい問題がありましてね。私、サーンキヤ学派の根本教典である、イーシュヴァラクリシュナ作『サーンキヤ・カーリカー』を、ガウダパーダという人物による注釈書と併せて読んで来て、もう四十八年を経過しますが、色々、どう解釈したらよいのかと頭を悩ませて来た問題が、幾つもあるのですよ。その一つの問題ですが、それはこういうことです。

つい先日の授業で、ウッダーラカ・アールニの「有の哲学」では、太初の有から、熱、水、食物の三元素が生まれ、それらが三つ巴状態になってから、森羅万象が流出したと、憶えていらっしゃいますよね。

黒木　はい、その話、先生の授業でも何回目かになりますよね。いやでも頭に入っています。

宮元　それは心強いですね。で、その三つの元素は、それぞれ色が違うとされていますが、それも憶えていますか?

黒木　ええ。熱は赤く、水は白く、といっても、透明だということでしょうが、それから食物は黒い、ですね?

宮元　はい、その通りですよ。で、ウッダーラカ・アールニの「有の哲学」は、非常に厳密な一元論的流出論ですね。で、誰もが疑問に思うはずですが、一元でしかなかったものが、どうして流出したら多様になるのでしょうね? もしも、一元の中に多様性があったというのは、それはない話ですよね。純一にして無雑、唯一で、第二のものはなかったのですからね。

で、ウッダーラカ・アールニが、この問題について熟知していたが故に、あらん限りの智慧を尽くして、この問題を解決しようとした、いわば秘策が、根本有が、熱が、水が、という順で、一元から三つの元素が生まれるに際して、第二のもの抜きでそれが可能だとして打ち出したのが、「思った」なのですね。これ、前にもやや詳しく検討したことですので、憶えておいだと思います。

黒木 あ、何かを為そうとすると、普通は何かを用いて細工すると、そうすると、自身以外の第二のものが必要になりますが、「思う」だけならそうした制約はないと、そういう話でしたね。例えば、「張り倒してやりたい」と思うことは、実際に誰か、第二のものを張り倒すことではないですから。でも、そう思うとしても、誰かを自分の腕で、というくらいは想定しなければならないわけで、すると想定するだけでも、やはり第二のものを考えざるを得ないと思うのですが、どうでしょうか?

宮元 あー、それはその通りで、ウッダーラカ・アールニを絶賛する人もいれば、どうかなと疑念を抱く人もいるでしょうね。完璧は難しいですね。でも、ウッダーラカ・アールニはその三つの元素の混淆比率の違いで、最終的に流出して現れる森羅万象の、無限とも言うべき違いを説明出来ると、真剣に考えたとは言えるでしょうね。

で、サーンキヤ学派は、プラクリティは、そのアイデアをそっくりに、明るく知性的な元素である純質（サットヴァ）、活動的で感情の発露の元である激質（ラジャス）、愚昧で動きが鈍い元となる翳質（タマス）の三つの構成要素（グナ）より成り、プルシャから関心をむけられるまで、この三つのグナは、どれかが突出することなく、平衡状態を保っていたとされます。

ところが、プラクリティがプルシャから関心を向けられると、活動的な激質が刺激を受け、勝手に活動を起こし、それを切っ掛けとして平衡状態が破れ、プラクリティは森羅万象にまでいたる流出を開始するとされるのですね。

この話をめぐって、黒木さん、以前にも、ビッグバン宇宙論に言及しましたよね。何か思いつくこと、ありませんか？

黒木　あ、話の流れで、こう来るなとは直感していました。ビッグバンが起きる前には、素粒子も元素もあったとは言えませんが、何か、今知られているすべての物理法則が通用しない、何か超濃密な空間みたいなものがあって、それが何かの拍子に揺らぎ、というか、不均衡な状態となり、そこから一気に爆発と、そのようなイメージに、今のプラクリティの流出の切っ掛けが、三つのグナが不均衡な状態になることだという話と、不思議なほどパラレルだなと、うーん、本当、不思議に思います。

宮元　そうですね。分からないことだらけですが、人間、それなりに自由に、あり得るかなということを理屈に理屈を重ねて、かつ論理的繋がりを慎重に配慮しながら、とことん突き詰めることが出来る生き物だと思います。このプラクリティが流出を始める切っ掛けの話など、別に今日の最先端の自然科学の知見と、イメージの上で類似した発想が生まれても、何も不思議はないと、私、この方面の研究を通して、真剣に考えても、あながち荒唐無稽でもないだろうとの見通しを禁じ得ないのですね。

*

宮元　さて、こうしてプルシャから関心を向けられたことを切っ掛けとして、プラクリティから、対象世界の森羅万象が流出することになるのですが、サーンキヤ学派にとって、理論的にこうなっているはずです、はい終わりではまったくないのですね。サーンキヤ学派は、けっして単なる好事家ではないのですよ。では、サーンキヤ学派が苦心してこうした理論を展開した、根本的な理由は何だと思いますか?

澤口　えーと、以前の授業、『インドの死生哲学』でかなり詳しく、インド哲学は何を目指しているのかが分かりましたので、私、こう断言できると思います。つまり、苦しみばかりのこの自分を含めて、およそ生きとし生けるもののあり方を解消するためには、なぜそうなっているのかの、因果のメカニズムを突き止めなければならない、そして、それが分かれば自ずから苦しみを滅ぼすために必要な考え、行動が、明らかになるはずだと、その一念に押されてのことだと思います。

宮元　なるほど、ごもっともな見解だと思いますよ。そもそも、サーンキヤ学派がその理論体系の下敷きにしたのは、まずはヤージュニャヴァルキヤの認識論哲学でしたね。ヤージュニャヴァルキヤは、哲学・神学御前試合で懸賞を稼ぎまくるだけの人物ではなく、そうしてさんざん懸賞を稼いだあと、その莫大な財産を、二人の妻にあっさりと譲り、自らは世俗を捨てた出家となりました。そのころから、輪廻転生の苦しみから最終的に逃れる道を懸命に模索する出家が多数現れるようになったのですが、個人名をもって知られるインドの出家の第一号こそ、このヤージュニャヴァルキヤだったのですね。

また、一切は苦しみであるという事実を深刻に受け止め、悪戦苦闘の末、ついに解脱への道を切り拓いたゴータマ・ブッダは、決して知的ゲームを弄んで喜ぶような人物ではなかった、これ、皆さん、とっくに御存知ですよね。

＊

宮元　では、サーンキヤ学派は、プラクリティから流出した、苦しみばかりの輪廻転生の世界から、どのようにして脱却しようとしたのでしょうね？

え－、ヤージュニャヴァルキヤが、出家してからどのような修行をなしたのか、文献の上で、確たることは分かりません。分かっているのは、ヤージュニャヴァルキヤが、苦しみだらけの輪廻転生を惹き起こすものが善悪の業であり、その業を惹き起こすものが欲望であるから、欲望を完全に抑え込めば、結果的に解脱に至るはずだとの構想を明確に持っていたことです。

ゴータマ・ブッダは、それを承け、欲望を完全に抑え込む方法として、出家となって初めの頃は、無念無想を目指す瞑想に専心し、そのあと力ずくで欲望を捩じ伏せようとする過激な苦行の道に入った後、ついに無明から始まる輪廻の因果のメカニズムを知り尽くし、そしてみずからがこうして生きてあることにまつわるあらゆる事象を、いかなる予見もなしに、あるがままに観察し、その観察から得られた知見（如実知見）だけを根拠に考察し尽くすという方法論を編み出しました。

ここから、ヤージュニャヴァルキヤも、ゴータマ・ブッダも、真実を、予断を排して虚心坦懐に知ることを旨としたことは、明らかだと思いますね。

ところで、サーンキヤ学派の「サーンキヤ」という呼称ですが、これは他人事ではなくみずからに密接に関わるものごとを「あれこれと考え合わせること」（サンキヤー）から派生した、「あれこれと考え合わせることを旨とする人」を意味することばなのです。

初期のヒンドゥー教の法典類には、解脱を目指す道を、「サーンキヤとヨーガ」と記されています。簡単に言えば、これは「理論の道と実践の道」です。

この理論の道と実践の道が、まったく別の道であるとは、インド哲学史・宗教史の全体の流れからして、到底考えられないのですが、ともあれ現在見ることの出来るサーンキヤ学派の古い論書には、戒律を守れとか、具体的にこれこれの瞑想、修行を為すべしとの文言はまったく見られません。

ですから、サーンキヤ学派の修行論は不明なのですが、ともあれ静謐で質素な生活を営みながら、真実を目の当たりにしようとの熱意が並大抵のものでないことは分かります。

プルシャから関心を向けられたことを切っ掛けとして、プラクリティから流出した、みずからの身心を巡る輪廻転生の苦しみのありさまの真相を知り尽くせば、この世界から徹底的に身を引くことこそが、その苦しみから逃れる唯一の道であると、確信すべきだとしたことに、何の疑いもありませんね。

さて、皆さん、お待たせしました。夏目漱石がサーンキヤ哲学から多くを学んだ「森羅万象への無関心」、これを漱石は、「非人情」と称したり、「則天去私」と銘打ったりした、その終結点に、ようやく辿り着きました。

かつて、プラクリティに関心を向けたプルシャが、そこから流出した世界の虚しさを、理論的に徹底的に知ることで、その関心を失うに至ります。この「無関心」ということばは、ゴータマ・ブッダが事あるごとに強調した、出家の基本的な心構えである四無量心を承けたことばなのですね。

四無量心とは、慈無量心、悲無量心、喜無量心、捨無量心のことですが、私はこの中で中核をなす心構えは、捨無量心だと考えています。

出家は、勿論世俗から離れてはいますが、世俗から布施を受けなければ生きて行けませんので、必要最低、世俗と関りを持たなければなりません。また、出家となり理想を目指すからには、世俗の人々にも、その道が人間として理想なのだと納得してもらう、一種の義務みたいなものがないわけではありませんので、世俗との良好な関係を適度に保つことが要請されます。しかし、その「良好な関係」は、利害関係や、教える者と教えられるものとの関係であってはならないことは当然で、そこで求められるのは、どのような関りがあり、自分にもそれなりの益があり、相手にもそれなりの益があるとしても、その「益」の思いをかけらも大事にしてはならない、すべてにわたって、ひたすら淡々としなければならないと、こういうことです。

サーンキヤ学派は、この「捨」なる「無関心」を、仏教からしっかりと継承したのですね。で、プルシャが、プラクリティとそこから流出した森羅万象に完全に関心を失くすということは、観客と踊り子の譬えで言えば、観客が自分の踊りに興味を持たなくなった踊り子は、踊りを続ける意味を失くしますから、踊りを止めます。ということは、華々しい踊り模様である森羅万象も、必要がなくなりますね。で、踊りが終わった状態、これ、森羅万象が、もとの始源のプラクリティに収束することを意味しますね。

すると、プルシャにプラクリティへの関心が無くなり、プラクリティはまたもとの流出以前の本源に戻り、両者はまったく没交渉となります。
認識主体はプルシャですから、プルシャの気分からして、この状態は「独存」、近代インドの思想家クリシュナムールティのことばでは、英語でaloneness、大野さんの訳では「ただ独りあること」と称されます。
これが、仏教やジャイナ教でいう解脱、あるいは解脱で至った涅槃、寂静の境地だと言えますね。

＊

宮元　さて、聞き覚えのある話、ない話、色々あって、私は皆さんの反応を探りながら喋り続けて、大いに面白がっているのですが、皆さん、ついて来られましたか？

澤口　はい、その聞き覚えのある話が、要所要所に出て来ましたので、全体の繋がりはかなり分かったように思います。

黒木　僕もそうですが、何か、サーンキヤ学派の学説の、簡単な解説書みたいなのはないでしょうか？

宮元　うーん、「簡単な解説書」って、よく言われる「入門書」のことでしょ？　どのようなジャンルでも、私、「入門書」は、結局は百害あって一利なしだと思うのですけどね。あ、すべてがそうだとは言い切れないでしょうが、大体そうだと思いますよ。

多くの出版社が「入門書」の類を好んで刊行したがるのは、嫌な意味で、回転効率が上がるからです。「安直」ならば、そして定価が安ければ、読者は懐具合をあまり気にせずにぱっと買いますが、ぱっと読んで、その後は一丁上がり、読み返す必要はないと、ぽいと捨てて、何も気にしませんね。でも、そのような本を気楽に読み捨てた読者に何が残るでしょうね？

私、さすがにこの歳ですから、山歩きは控えていますが、学生時代にはよくあちこちと歩き回りました。で、山と言ってもそう高くなく、森や草花や昆虫や鳥がたくさんいるところばかりを好んで歩きましたので、五合目以上は岩と砂利だらけの富士山の頂上を目指そうと考えたことはありません。ただ、譬え話としてですが、泊りがけを前提とし、それなりの装備、必携品を担いで、無事に山頂に至るのは、大変な苦労が伴うでしょうが、もしも大都会のヘリポートから、ヘリコプターで富士山頂に降り立ち、ざっと眺めて、またヘリコプターで帰還したとして、富士登山の体験が掛け替えのない体験としてその人の記憶に長く留まるでしょうか？

まあ、安直な入門書はなるべく避けた方が、ものごとの理解ははるかに深まると思いますね。で、サーンキヤ学派の体系を知りたいのでしたら、回り道に思えても、私が解説付きで訳した『インドの「二元論哲学」を読む――イーシュヴァラクリシュナ『サーンキヤ・カーリカー』』（春秋社、二〇〇八年）を、面倒でも通して読んでみてください。

黒木　はい、ちょっと、僕、いい加減な言い方をしたみたいですね。実は、僕、先生のその本は持っていて、ある程度読んだのですが、なかなか全体像が見えなくて、そこでちょっと。安直過ぎるのは、確かにあまり良いことではないと　僕も思います。

宮元　では、今日は午前中からかなり時間をかけて来ましたが、ここでちょっと休憩を取って、あとは一気に最後まで話を進めようかと思いますが、皆さん、大丈夫ですか?

黒木・澤口　はい、大丈夫です。私たち、明日は仕事が休みですので。

宮元　では十五分の休憩とします。あそこのヨーガマットなどを利用して、適当に体と頭をほぐしておいてください。

C　世親の唯識説──流出論的循環論

宮元　さて、標記には「世親」とありますが、この人物について、何か思い起こすことはありますでしょうか？

澤口　えーと、確か以前の『インド哲学教室②　インドの唯名論・実在論哲学』（花伝社、二〇二三年）の説一切有部の話の中で出てきた人ですね。

黒木　あ、それって説一切有部の学説を、あっさりと簡潔にまとめた人のことですよね？

宮元　はい、その通りです。えー、世親、ヴァスバンドゥ（Vasubandhu）ですが、細かい経緯は省きますが、その説一切有部の学説を簡潔に示した『阿毘達磨倶舎論』を著した後、瞑想（ヨーガ）を熱心に行じ、その瞑想で得られた経験知を体系化しつつあった、大乗仏教のヨーガ行学派、漢訳では「瑜伽行派《ゆがぎょうは》」と言いますが、お兄さんのアサンガ（Asaṃga）、無著の誘いでここに転向し、そこで行われていた唯心論を唯識説として完成させた人です。

えー、唯心論って、どのような考えだと思いますか？　聞き慣れないことばだとは思いますが、このことばから何をイメージするかでも構いません、どうですか？

黒木　唯物論は、世界の根源は物だとしますから、唯心論は、世界の根源は心だとする考えでしょうか？

宮元　はい、あっさりと答えてくださいましたね。その通りです。でも西洋哲学史では、「唯心論」ということばはあまり聞きませんね。唯物論に対峙するのは「観念論」ですね。なぜ唯心論と言わないのか、それについては、私には納得のいかないことばかりなのですが、ま、それは措くとしまして、デカルトの哲学は、物心二元論とも心身二元論とも言われますね。つまり「物」「身」はフィジカルなもの、「心」はメンタルなものということですね。

それから、仏教で「唯心論」と言いますと、初期大乗経典の一つである『華厳経』に、三界《さんがい》（欲界、色界、無色界、つまり、輪廻転生する生類のいる領域すべて）は、心、つまり、雑念、妄想の産物に過ぎないと説かれているのが、一応、元になっているのですね。あの鴨長明の『方丈記』にも、「夫《それ》、三界は只《ただ》心一つなり。心若《も》しやすからずは、象馬《ぞうめ》、七珍《しっちん》もよしなく、宮《くう》殿《でん》、楼閣も望みなし」とありますが、御存知ですか？

澤口　はい、前にも言いましたけど、先生の授業に初めて出席した後に、『方丈記』や『平家物語』は、夢中になって読みました。『方丈記』は短いですから、何遍、繰り返して読んだか分からないほどです。今のことばのほんの少し後に、「抑一期《そもそもいちご》の月かげ傾きて、余算《よさん》の山の端《は》に近し」とあって、ここ、クライマックスですね。何遍読んでも感動します。

＊

宮元　さて、ここからが問題です。
ゴータマ・ブッダの認識論的なものの見方は、ヤージュニャヴァルキヤの認識論の構想を継承したものだと、これまであちこちで強調して来ましたが、では御訊きします。そうしたものの見方からして、心は認識主体でしょうか、それとも認識対象でしょうか？
黒木　あ、それはもう、認識対象以外の何ものでもありませんね。認識対象でしかない心を、まるで認識対象である自己だと錯覚することこそが我執だという話ですね。
宮元　では御訊きしますが、認識主体が認識対象を捉えると、何が生ずるでしょうか？
黒木　もちろん知識です。
宮元　先程、認識主体が認識対象を捉えるとは、認識主体が光を発して認識対象を照らすようなことだ、との、サーンキヤ学派の譬えを紹介しましたね。認識主体は、サーンキヤ学派ではプルシャ、他の学派の多くではアートマンで、自己のこと、漢訳では「我」ですね。
さて、ゴータマ・ブッダは、自己はヤージュニャヴァルキヤの構想そのままに、認識主体であるがゆえに認識対象とはなり得ないとしていましたから、「自己」なるものを積極的に説くことはありませんでした。
ゴータマ・ブッダが入滅されてからも、仏教の出家教団は、拡大の一途を辿りました。やがて一族から一人でも出家して仏門に入れば、一族は何代にもわたって繁栄が保証されるとの信心が広まり、七歳前後、今で言えば、小学校に入学するころに、出家の教団の一員となる例が、珍しくなっていきました。すると、仏教の教義だけでなく、読み書き算数などの初等教育も、仏教のお坊さんが行うのが当たり前になりました。

ゴータマ・ブッダも、幼年、少年、青年期に、ちゃんと教育を受けました。教育の中身は、大きくは知育と体育とに分かれます。体育は、要するに武人階級の男子には必須とされる武人教育、つまり武術と体力を養うもので、この教師はもちろん、武人の中の適格者でした。しかし知育は、何しろヴェーダ聖典に精通し、それゆえ違うことのない真実のことばを自在に操ることが出来る特権を握っている祭官階級、婆羅門階級の知識人が担当しました。だからこそウパニシャッドを代表する哲学者ヤージュニャヴァルキヤの教えに、ゴータマ・ブッダは、身近に接することが出来たのですね。

ところが初等教育からして、婆羅門の知識人が担当することが皆無になるに及んで、「五蘊のいずれも我ではない」（五蘊非我）とか、「認識対象である世界のいかなる事象も我ではない」（諸法非我）ならば、どこにも我はない、故に我なるものはそもそもない、と、信じられないほど考えが粗雑になり、ついに「無我説」こそが仏教の真骨頂だと高らかに唱える学問僧たちが、あちこちに現れたのですね。

さて、無我説に立てば、認識論はどうなるでしょうか？

「認識主体が光を発して認識対象を照らすことから、知識が生ずる」という発想は、まったく成り立ちませんね。

ヴァスバンドゥ、世親が簡潔にまとめた説一切有部では、原子事象である実有《じつう》と、ことばだけの事象である施設有《せせつう》（仮有《けう》）の分類など、存在論が重視され、認識論は軽い扱いしか受けませんでした。

ところが大乗仏教のヨーガ行学派では、何しろ瞑想知という経験知を元にして、輪廻転生する己のあり方のいかんを精密に考察することがとても重視されました。

では、無我説の上に成り立つ認識論は、どのようなイメージになるでしょうか？ 光を発して、対象を照らすことで知識が生ずる、その光を発するものは、自己、我でないのなら、何だというのでしょうね？

唯識説うんぬんの前に、唯心論者だったら、この難問をどのように切り抜けようとするでしょうか？ 皆さん、自分が何となしではなく、反対論者に対峙して認識論を弁ずることの出来る唯心論者であろうとすれば、どう考えるでしょうか？

澤口　この問題、先生の『インド哲学の教室』（春秋社、二〇〇八年）の冒頭で示された問題ですね。西田幾多郎の『善の研究』で出て来るあれですね。「主客未分の純粋経験」ですね。純粋経験なるものが分化して、認識主体と認識対象となると、あの話ですね？

宮元　よく憶えていてくださいましたね。哲学の授業って面白いですね。この間、新たなテーマで哲学・思想史の授業を進めていった先に、なんと十五年前の授業の冒頭の話に、また立ち戻るのですからね。

唯識説では、あ、これは漢訳語ですが、日常感覚でいう「識」は、西田幾多郎さんが言うような主客未分の純粋経験から分化した、主観と客観、漢訳で言えば、見分と相分の間でのやり取りなのですね。

私、高校時代に松尾芭蕉の俳諧連歌の面白さに惹かれまして、とはいえ連歌の仲間がいるわけではなし、ということで、「一人俳諧連歌」を思いつき、あ、これ、とても疲れますので、たまに興が湧いてきたときにちょこっと、ただ、今でもちょこっとやっているのですよ。

皆さんにはさして興味のない話かも知れませんが、そのやり方をご紹介しますね。

連歌は、まず提示された五七五の前句に、別の人がその内容を、付かず離れずの絶妙の文句を、七七で承けるのですね。これ、承け句とか、付け句と言います。

で、連歌の場では、参加者が好き放題に句を繋げれば良いというのではありませんで、承け方、繋ぎ方の善し悪しを判定し、承け方が付き過ぎ、離れ過ぎの場合は、宗匠がそのことを指摘し、後句を工夫し直すようにアドヴァイスします。

で、私の「一人俳諧連歌」は、私が前句を詠む人、後句を詠む人、それを評する宗匠と、一人三役でやります。肝要なのは、この時自分が、前句を詠む時にはその人であることに集中し、後句を詠む時は、前句を詠んだ人の意図を、別人の観点から必死に探り、宗匠としてはその両者とは全くの別人になり切って評定の仕事に専心すると、ま、こういったものです。これで、実際には四句まで繋がるのに、五、六時間かかるのは普通で、精根尽き果ててそこで中断、これがいつものことなのですが、ま、結構、面白いですよ。

自分が三人に分裂して、それぞれ独自の立場に立つこと、これ、純粋経験が主観と客観に分裂したとき、主観は実は客観に他ならないのだとか、客観が実は主観に他ならないのだと自分が気づくことがないだろうと、その主観・客観の判別がはっきりとしない気分が「一人俳諧連歌」では実感出来ると、自分としては想像を楽しんでいるのですけどね。

黒木　あのー、その話、まったく分からないのでもないのですが、先生の、その一人俳諧連歌って、一人芝居ですよね。うーん、一人芝居している人はそれなりに面白いでしょうけど、それを観ている人の大半は、退いてしまうと思いますけど。

宮元　いや、それは御心配御無用。私、一人俳諧連歌を、他人に、その現場だけでなく、その結果も披露したことがありませんのでね。

こんな私の個人的な楽しみを語ったのは、皆さんに、その楽しみを押し付けようというのではまったくありませんので、誤解の無いように。

つまり、言いたいことは、純粋経験が主観と客観とに分かれて丁々発止しても、それはその内部だけの問題なのでしてね。純粋経験にまつわるこうした話は、まこと自己完結、自己言及に終始しているだけの話なのですね。

で、元々の話が何であったのか、そこに立ち返ってみませんか？

で、今、他に言い方がないので、「その内部だけの問題なので」と言いましたが、そもそも

「自他」と言う場合の「自」と「他」って、何だったのでしょうか？　今日の生物学の出発点、あ、これ、高校の生物の教科書の冒頭に説かれることですが、生物とは、自他の区別が出来るもの、これが根本的な、生き物の定義です。これ、以前の授業で、単細胞生物である酵母菌の「自他」から考えてみたらどうでしょう、と言ったことがありますが、憶えていますか？

つまり、認識主体である自己とは何かについての理解が得られないために、認識対象でしかない心＝識の自己反省が、認識することであり、またそれによって得られた知識でもあると、唯識説を唱える人々は考えたのですね。

＊

宮元　さて、話を先に進めまして、世親の八識説を、順に並べてみましょう。

まず、前五識があります。これは、眼識、耳識、鼻識、舌識、身（皮膚）識。

次に、第六識として、意識があります。

次に、第七識として、末那《まな》識がありまして、これが以上の六つの識を、「私」の識の記憶として時系列に沿って並べる働きをします。もはやお馴染みの統覚ですね。

最後に、第八識として、阿頼耶《あらや》識があります。「阿頼耶」は、サンスクリット語の「アーラヤ」(ālaya)の音を写した漢訳語で、澱のように底に溜まって横たわっているもの、つまり沈殿物のことです。第七識によって順序付けられた記憶が沈殿している場所としての識、これが第八識なのです。

えー、これを逆に並べてみましょう。

記憶が保存されている阿頼耶識
経験的に得られた識を「私」の識として、記憶に送り込む統覚としての末那識。
意識
眼識、耳識、鼻識、舌識、身識

では、改めて、サーンキヤ学派の、プラクリティから流出したものを順に並べてみましょう。

記憶の総体としての心。
統覚。
五つの行為器官、五つの知覚器官、意、五つの端的なるもの。
五つの元素。

いかがですか？　世親の八識説は、サーンキヤ学説の写しに他ならないのですね。

そして唯識説では、認識の道具も認識の対象も、みな識の内部の話になりますから、五つの行為器官から五つの元素までは、前五識、意識というかたちにまとめられます。

＊

宮元　さて、私たちは、生きているからには、いつも何かを考えたり、何かをしようとしますね。その時、私たちが出発点とするところは、過去に自分が経験したことの記憶ですね。すると、私たちが、日常、数え切れない程の回数、何かをして、何かを知ってというのは、この八識で言えば、阿頼耶識という記憶の沈殿物のようなものが浮上して認識や行為の活動をなすことになりますが、この、記憶の沈殿物のようなものの浮上によって、実生活を送る過程が、「現行《げんぎょう》」と呼ばれ、そうやって実生活を送ることで得られた知識が、記憶へと転じ、最後には阿頼耶識に沈殿することが、「薫習《くんじゅう》」と呼ばれます。
また、阿頼耶識に沈殿している記憶は、「種子」に譬えられます。それが芽生えて育ち、花を咲かせ、実を付けて、そしてその種が落ちてきて、と、穀物の生育、収穫の循環のイメージで語られるのですね。この「循環」は、まさにサーンキヤ学派と同じく、「転変」（流出）と呼ばれます。

で、修行法ですが、以上の識の有り様を繰り返し観察し、考察し、煩悩の澱が攪拌されないように修養に努めると、識が清らかに澄み渡るようになるとされます。すると、阿頼耶識は、かつては澱が攪拌されて濁りに染まった識、つまり染汚《ぜんま》識だったのが、清らかに澄んだ識、つまり浄識へと、がらっと様子が変わります。生きてあることの拠り所の様子がこのように変わることを、「転依《てんね》」（拠り所が転換すること）と言います。七仏通戒偈の「自浄其意《じじょうごい》、是諸仏《ぜしょぶっ》教《きょう》」のイメージにぴったりですね。

これが、いわゆる「解脱」であり、それによって得られる平安の境地（涅槃、寂静）であることになります。

理屈は面倒だなとの印象を受けますが、辿り着き、最終的に落ち着く先は、このようにすっきりしているのですね。

＊

宮元　さて、説一切有部や大乗仏教の学僧たちは、自分たちが旗印としている無我説と真っ向から対立する他の学派を論難することに熱心でした。特にヴァイシェーシカ学派、ニヤーヤ学派、サーンキヤ学派が執拗に論難されました。

一応、唯識説を完成した世親は、以前は説一切有部に近い所にいて、後に大乗の論師となったわけで、不思議に思いませんか？　サーンキヤ学派の流出論を引き写したと説を正面に立てているのに、仏教側から、世親の正体は外道だ、仏教の獅子身中の虫だ、みたいに叩かれてもおかしくないのですが、ちっとも叩かれた風ではありません。何故なのか、ちょっと考えてみたいと思います。

＊

宮元　まず、世親は無我説を通しますね。ですから、我が有るとする外道だと論難されることはありませんね。

次に、世親の八識説は、流出論（転変説）を展開しますが、一元論でも二元論でもありませんね。何かの根本の元から、ある時、世界が流出を始めたとも言いません。輪廻転生のこの世界には、始まりが無いとしますが、それは世界に最初の生き物が現れるとすれば、その最初の生き物は、因果応報でその境涯に生まれたことにはなりません。世界に始まりが有ると、因果応報、自業自得で回る輪廻転生が成り立たなくなるからです。

言い換えますと、私たちが日常的にこうしたものだと感じたり、考えたりするすべての出来事は、私たちの識（心）の内の出来事に過ぎない、八識の間での流出と還流以外の何ものでもない、八識の外にものごとがあり、起こる、とする根拠は無い、と世親は考えるのですね。

ここでちょっと思い起こして下さい。皆さんお馴染みの、あのウッダーラカ・アールニの「有の哲学」では、根本有から森羅万象（名称と形態）が流出するという説ですが、すべて根本有の所産であり、それ以外のもの、「第二のもの」が、外から関りを持つことがまったくないことに終始していますね。

これ、数学の公理系と同じ発想だと思いませんか？

黒木　ええ、中学、高校で教わった幾何学は、最初の約束事である幾つかの公理だけから、次々と幾何学の問題を説明しますね。出発したら、後から追加しない、というのが原則だと、数学の先生が何度も強調しておられたのをよく憶えています。

宮元　ええ、公理系は、数学では幾何学だけに留まるものではありませんが、仰るように途中から、ここだけは特例が適用される、なんて考えは認められませんね。これ数学や論理学の世界では、「アドホック理論」と言いますね。ラテン語で ad hoc、「ここだけ」という意味です。分かり易く言えば、後出しじゃんけんは駄目、ということです。

で、ウッダーラカ・アールニの「有」は、「ことば」そのものでしたね。で、ことばがあるということは、そのことばを聞けば、それが何であるかが理解出来るのですから、ことばと理解、言い換えますと、ことばと観念はワンセットなのですね。

ここから世親は、その才能をいかんなく発揮することになります。

『倶舎論』では、有は、実有と施設有とに分類され、七十五種類の原子事象（法）が実有であり、原子事象が離合集散することで生じたり滅したり変化したりするように見える、ことばの上だけの有が、施設有とされますね。で、この「施設」は、サンスクリット語の「プラジュニャプティ」prajñapti で、まさにこれが、ことばと、そしてことばとワンセットの観念だということになります。

さて、「唯識」は、サンスクリット語の「ヴィジュニャプティマートラター」（vijñaptimātratā）で、この世界に有るのは、ことば、ないし観念（vijñapti）だけ（mātra）であること（-tā）という意味です。これは、ウッダーラカ・アールニの「有の哲学」の大鉄則でもありますから、これをそのまま活用すれば、ヴェーダの宗教の流れにある唯名論者たちから、批判を受けることはありませんね。そして、世親以降の瑜伽行派は、その流れにあるヴェーダーンタ学説を、まったくと言ってよいほど、批判しませんでした。

こうして、世親の唯識説は、インド古来の伝統の中にうまく収まり、また、かと言って、本質論的には一切は空だの一言ですべてを片付け、わたしたちが、生活の場でさまざま経験する具体的なものごとのあれこれのあり方に関心を示さず、破壊的な言動に終始し、論敵の揚げ足取りばかりに熱心な中観派とも、はっきりとした一線を画すことに成功したのですね。

唯名論のようであって本質的には実在論でありながら、常識的な実在論、とりわけ外界実在論に人が傾きかければ、鋭く警告を発すると、こうした絶妙さを保持できる確信があったからこそ、世親はインド世界で大いなる地歩を占めるにいたったのだと言えるのですね。

全体としては、ことばと観念ワンセット（vijñapti）の公理系、具体的なものごとの展開は、八識（vijñāna）内部での循環論、と、ま、絶妙な取り合わせだと言うべきでしょうね。

ただ、これだけは言っておきたいのですが、玄奘三蔵はvijñaptiもvijñānaも「識」と漢訳したのです。玄奘さんは、ウッダーラカ・アールニの「有の哲学」、読んだことがなかったのでしょうね。ま、無理からぬ話であるとは言いましても、二つの語源的な違いが分かるような訳し分けをしなかったのは、やはり問題ですね。

＊

宮元　さて、もし世親が大乗仏教としてはいかがなものかと批判されるとしましたら、私は、この問題以外にはないだろうと考えているのですがね。

それは、世親が属する瑜伽行派の、八識説と並んで重視される「三性説《さんしょう》」を巡る問題です。

一つ、私たちが常識的に「有る」と思っているのは、実は妄想の所産でしかないと、これがものごとの本質（性）だとされます。

二つに、ものごとは、それ自体で成り立つことはなく、すべて、色々な他のものごとを縁として成り立っていると、これがものごとの本質だとされます。

三つには、以上、ものごとの二つの本質をしっかりと踏まえた上で、そのどちらにも偏らず、平穏に生きて行ける道があると、これも、ものごとの本質だとされます。

これ、実は前にも紹介しました『般若波羅蜜心経』などの初期大乗経典の空思想を学説の軸として中観派を開いた龍樹（ナーガールジュナ）の、「空《くう》」「仮《け》」「中《ちゅう》」を、言い換えただけのものなのですね。

＊

宮元　さて、世親には無著というお兄さんがいまして、初期瑜伽行派の説を、それが徹頭徹尾、大乗仏教の説に他ならないことを世に訴えるために、『攝《しょう》大乗論』、これは「大乗仏教の精髄を簡潔にまとめた綱要書」といった意味で、インド出身の眞諦《しんだい》三蔵の手に成る漢訳でしか読むことは出来ませんが、空思想こそが大乗仏教の大乗仏教たるゆえんの基本だということを熱く語る内容で、八識説については、ただ名目を並べただけという、軽すぎる扱いになっています。

これに対して、その弟の世親は、ものごとの本性は、ただことばだということに尽き、ことばであることより他の、おのれの独自性（自性）はない、つまり、ものごとはことばが脹れ上がって出来たもので、シャボン玉のようであるから、それは本質的には中身が空っぽ、つまり「空」だ、という中観派の考えに心から同調したとは、とうてい思えないのですね。

＊

宮元　さて、無著の『攝大乗論』を漢訳した、インド出身の眞諦《しんだい》三蔵は、これを所依の論典とする攝論宗を興しました。一方、インドに渡り、唯識の大学匠であるダルマパーラ（護法）のもとで研鑽を積んだ玄奘三蔵は、世親の『唯識三十頌《じゅ》』を、護法の解釈を中心に何人もの註釈者の見解を取り入れながら『成《じょう》唯識論』という形で漢訳し、これを所依の論典とする法相宗を興しました。

玄奘の訳経は、唐の国家事業として、絶大なバックアップがあったこともあり、法相宗は、繁栄の一途をたどりましたが、攝論宗には、はかばかしく人が集まることなく、眞諦が亡くなると、あっという間に、尻すぼみ状態に陥りました。

中国では、一切は空だというのがものごとの本質（性《しょう》）だと強調する中観派などは「性宗」、ものごとの具体的なさまざまなあり方（相）の説明に力を入れる世親系統の唯識派などは「相宗」と呼ばれました。中国では、中観派は三論宗、唯識派は法相宗と呼ばれ、それぞれに勢力を競いましたが、攝論宗はこの二大宗の谷間に埋没してしまったのですね。

＊

宮元　えー、唯識説の話は、これで一応終了とします。

唯識説について、皆さんはあまり御存知なさそうでしたので、結果的にこの数十分、私が一方的に喋りまくりました。初めて聞くような話が続いたと思いますが、どうでしたか？

澤口　はい、確かに、初めて聞く話も多かったですけど、ウッダーラカ・アールニの「有の哲学」も、ヤージュニャヴァルキヤとゴータマ・ブッダの認識論も、サーンキヤ学派の二元論哲学も、すでにお馴染みの感じでしたから、案外、すうーっと頭に入りましたけど。

黒木　僕もそうです。唯識説かあ、面倒だなあと、初めは思っていました。あの、三島由紀夫の晩年の作品、もう、小説というより論文で、その中身は唯識哲学だと聞いていましたので。でも、今まで理解して来たインド哲学史上の諸問題から、ほんの一歩踏み出すだけで分かるものなのだと、ちょっと自分でも驚いています。

宮元　それでは、ここで休憩としましょう。初めの予定では、後の話はまた日を改めてと考えていましたが、ここまで来れば、後は一時間もかからないと思いますので、休憩後には一気呵成と行きましょう。

あ、いつものように、各種ハーブティーがありますので、好きなようにどうぞ。えー、休憩時間は三十分とします。

D 『バガヴァッドギーター』の汎神論

宮元　さて、授業を再開します。皆さんは『バガヴァッドギーター』のこと、御存知ですか？

澤口　インド思想史関係の本を何冊か読みましたが、ヒンドゥー教のバイブルとも言われているそうですね。

宮元　ええ、そうなのですが、その和訳、読んだことがありますか？

澤口　はい、岩波文庫の訳を買って、はじめの方を少し読みました。

宮元　上村勝彦さんの訳ですね。どのような印象ですか？

澤口　途中から、何か、同じような内容があまりにも繰り返し出て来るのにうんざりして、読み通す気がなくなりました。

宮元　黒木さんはどうですか？

黒木　えー、一応ヒンドゥー教では有名な本だとは分かっていますが、そのうち購入して、と思いながら、今に至るというところです。

＊

宮元　では、この書物、世界最長の叙事詩『マハーバーラタ』の一部を成すものです。で、この大叙事詩は、ガンジス川とヤムナー川の二つの大河の流域に広がる大平原で、バラタ族が、王位継承権をめぐって、骨肉相食む大きな戦を闘った、その発端と、経緯と、結末とを、途中、数々の神話や英雄伝説を交えながら、吟遊詩人が語るという形をとっています。

『バガヴァッドギーター』は、これから合戦が始まろうとするところから、話を始めます。

結果的に王位継承権を勝ち取った側の王子たちの一人で、弓の名手であるアルジュナが、クリシュナを馭者とする戦車に乗り、敵と味方の中間のところまで進んだところ、敵陣には、腹違いの兄弟が、伯父たちが、従兄弟たちが、ずらっと並んでいるさまがはっきりと見て取れました。いくら自分側に王位継承権があるとしても、それは骨肉を殺害しなければ手に入らない、しかし、あろうことか骨肉を殺害するというのは、地獄に真っ逆様に堕ちることになる悪業である、と考え、俄かに戦意を失って行きました。

これを見たクリシュナ、途中からはクリシュナの本体である最高主宰神が、神々しい姿でアルジュナの面前に立ち、教えを垂れ、そこで闘う意義に納得したアルジュナは、敵陣目掛けて突進して行くのであります、とまあこのような筋の話です。

＊

宮元　まず、クリシュナはアルジュナに語りかけます。

武人階級の本務（sva 自身の dharma 義務）は何か、それは戦で敵を倒すことである、身分制度（四姓制）は、最高主宰神が定めたものである。その中で、武人階級の本務が敵を倒すことだというのも、最高主宰神が定めたことである。故に武人階級の一員である貴君が、それが血族の者であれ、敵を倒すことは最高主宰神の御心に叶うことであり、地獄に堕ちるどころか、武人の楽園に生まれる種でもあり、場合によっては、解脱をも叶えてもらえる業なのである。怯むなかれ、己が本務に専心せよ。

最高主宰神によって定められた本務とされる行為に専心すること、これが「行為ヨーガ」と呼ばれるものであり、確実に、苦しみから救済される正道である、とされるのです。

次に、「知識ヨーガ」と呼ばれる救済の道が説かれます。

これは、一元論と二元論と、そして、それが、最高主宰神とどう関係しているのかを、知力を駆使して正確に知ることによって、救済の道に入れる、とするものです。

次に、「バクティ（信愛）ヨーガ」は、行為も知識も、完遂することが困難な非力な多くの人々は、おのれの非力を深く自覚し、最高主宰神に、無条件の信頼を捧げるならば、最高主宰神はこれを歓び、無条件に救済の手を差し伸べてくださるのだ、というものです。

「バクティ」とは、分け前に預かるを意味する動詞語根「バジュ」から派生した名詞で、主として、家族の間で食べ物の分配に預かることから、無条件の信頼、家族愛に濃く彩られた信頼を意味しますので、家族愛としての信頼、ということで、わが国では、「信愛」の訳が広く用いられています。

仏教の「信」に当たる最も基本的なものは、「シュラッダー」śrad-dhāです。これは、自分の心臓（śrad, 英語ならheart）を、相手の前に、無防備に晒し置くことを意味します。これは、相手が信頼に値することを確認したことを示すことで、深く納得したから信頼するのだ、というニュアンスです。無条件ではなく、納得することが前提なのですね。あ、英語のcreditも、語源的に、同じことを意味します。

ですから、後のヒンドゥー教で熱狂的に繰り広げられるバクティの有り様は、仏教ではあり得ないほど、熱狂的なのですね。

＊

宮元　さて、澤口さんが、この本、同じような内容がしつこいほど繰り返して出て来るのにうんざりしたと仰いましたが、それは却ってこの文献の特徴なのかも知れませんね。

澤口さんがうんざりしたというのは、おそらく次から次からに目まぐるしいほどの事象が提示され、読む私たちとしては、その一々が何を意味しているのかなと、理解に苦心していると、いきなり雑多に見えるこれらは、実は一つものなのだと、これがしつこく繰り返されているからではないでしょうかしらね？

澤口　あ、その通りです。ものごとには目くるめくほどの多様性があると思わせて、これらの「差別相」は、真実を知らない人にはそう見えるだけで、真実のレヴェルとか最高主宰神の観点からすれば、みな「一味平等」なのだ、煩悩だらけに見えるものの本質は、涅槃寂静なのだとか、読む人を翻弄するような記述に満ち溢れていますね。

＊

宮元　これは、大乗仏教の中観派や、瑜伽行派の言い方を、聞く人を最高主宰神への専心へと誘導するための、巧みな戦術のようだと、私は考えているのですよ。

と、それはさて措き、研究者の頭を悩ませて来たのは、この書は、ヴェーダーンタ学派流の一元論を説くものなのか、それともサーンキヤ学派の二元論を説くものなのか、ということです。で、どちらに軸足を置いても、どうもうまく解釈し尽くせないという、何か消化不良な研究状況が、長らく続いて来たように思います。

でも、私、十数年前から、こう解釈すれば、あっけないほど簡単ではないかとの思いを抱き続けて来たのですが、何かかしこまった論文にするような内容ではないので、今まで、正面切って、こうではないか、と意見を提示して来なかったのですね。

でも、良い機会が到来したようですので、その趣旨を述べることとします。

それは、最高主宰神は、みずからプルシャとプラクリティに分化し、サーンキヤ学派の二元論の体系に沿って世界を流出させたが、これは、その世界、つまり生類の輪廻転生する世界に浮き沈みする生類に、救済の道を探させるためなのである、というものです。つまり、これは、少し理解力のある人なら自分は二元論の只中にあると思いたくなるのを、そこが素人の浅智慧、真実には、森羅万象は、最高主宰神のその場その場での顕われなのだ、君の見るもの、聞くもの、みな、最高主宰神の顕われなのだと言うのですね。

すべては最高主宰神の顕われだというのを、普通、汎神論と言いますね。ただ、この文献の汎神論は、二元論の衣をまとった一元論という、手の込んだものなのですね。

＊

宮元 で、次には、流出論ではなく、新造論では、この世の有り様は、どのように説明されるのか、それをごく簡潔に見渡すことにします。

V　新造論の存在論哲学

宮元　新造論に立つ学派には、ヴァイシェーシカ学派、ニヤーヤ学派、ミーマーンサー学派などがありますが、新造論に徹し、因果関係を詳細に論ずることに最も熱心なのはヴァイシェーシカ学派ですので、主として、この学派の学説のポイントを見て行くことにします。

A　因果関係検証法と無

宮元　さて、皆さん、また因果論の話に戻って確認しておきたいのですが、流出論の因果論は因中有果論で、新造論の因果論は因中無果論だと、これは頭に入っていますね？

黒木・澤口　はい、一応は。

宮元　では、何かが生ずるとは、今まで無かったものが有るようになったということでしょうか、それとも初めから有ったものが有るようになったということでしょうか？

黒木　はいー？　有ったものが有るようになった、とは、どうしても考えにくいですよね？

宮元　では、今まで無かったものが有るようになった、これが生ずるということだ、という考えについては、どう考えますか？　胡麻粒を搾れば胡麻油が出て来ますが、砂粒をいくら搾っても油は出て来ませんね。もともと有ったものが有るようになった、という考えの方が、もともとまるで無かったものが有るようになったって、この、胡麻粒と砂粒の譬えについて、それでもなお今まで無かったものが有るようになった、これが、生ずるということだと、何の疑念も無く主張出来ますか？

黒木　うーん、それはどうも、ちょっと考えさせてください。

澤口　あのー、この先生の質問、ひっかけだと思いますよ。黒木さん、ひっかかったとは思いませんか？　だって、胡麻粒から胡麻油が出て来ると言っても、江戸前の天麩羅を揚げようとするとき、鍋に胡麻粒を一杯入れて、火を点けて、それで天麩羅が出来る筈、ないじゃないですか？　私、精進料理の定番の胡麻豆腐の作り方、一応知っていますけど、胡麻油と溶いた葛粉を混ぜて、胡麻豆腐が出来ると思いますか？　胡麻油の原料は胡麻粒ですが、胡麻油は胡麻油、胡麻粒は胡麻粒で、別物でしょ？　私、そこそこ自分で家庭料理の範囲の料理は作りますが、黒木さん、自分で料理したこと、ありますか？

黒木　うわっ、それはきついですね。僕だって普通に料理しますけど、そこまで言われると、うーんと、ま、考えて見れば、澤口さんの仰る通りだと思いますよ。で、澤口さんの言い分に百歩譲るとしても、よく「素材の味を活かして」というのは、そうした料理が無から有を、まるで手品みたいにどろんと出す、というのではないでしょ？　確かに、胡麻粒と胡麻油は、実用的には別物ですけど、胡麻粒以外のものから胡麻油は得られないと、これも事実でしょ？　これ、澤口さんは、どう考えます？

澤口　うーん、そう言われますと、そうかも知れないし、そうでないかも知れないし、と、すっきり、バッサリと、切り分けることが難しいというか、ひょっとして、そもそも、そんなこと出来ないのかも知れませんね。うーん、どう考えたら良いのでしょうか？

宮元　御両人のこの議論、大変に面白いし、大変に有意義だと思いますが、今は取り敢えず、因中無果論と、それに拠る新造論の言い分に、ともあれ耳を傾けることにしませんか？

一応、御両人の料理の議論に即して言いますと、それだけ御自身の料理に思い入れがあるとしましても、ときには「あ、これ、今までに無かった味だ」とか、「これまで無かった味を作ってみよう」とか、それぐらいは考えますでしょ？

で、ここは「これまでに無かった」という、日常茶飯事に皆さんが思うレヴェルから外れることのない範囲に敢えて限定して、話を進めたいと思いますので、どうか御了承願います。

で、「これまで無かった」とは、これまでは無であったものが、今や有となったとのことですね。また、「さっきまで有ったのに」とは、これまでは有であったものが、今や無となったとのことですね。これ、日常ありふれた、まあ、大概の人が抱く常識ですね。

*

宮元　さて、今の料理論議でも分かりますように、因果関係の問題は、とかく錯綜しがちなのですが、それがそうした性格の問題だ、というだけでは、問題の何たるかの根っこに辿り着くのは覚束ない話になりますので、話を、常識的な因中無果論に限定して、色々考えてみることにします。

で、因中無果論の発想の原点、イロハのイから確かめましょう。

まず、こんなもの今まで無かった、と、よく思いますね。これ、今まで無かったという意味で、日常言語では、「今まで無かった」となりますが、「無かった」という否定辞、これは言語表現ですから、それは「今まで無かったものとして実在する」となるのですね。

これ、実在論哲学の旗振り役で、尋常ではない厳密な実在性の枠を嵌めることを身上とするヴァイシェーシカ学派にとって、無が実在であることなど朝飯前なのですね。

次に、今まで有った水がめが壊れて無くなった、と、この言い方、皆さん、何か違和感を憶えますか？

黒木・澤口　いいえ、ちっとも。

宮元　そうでしょうね。聡明な皆さんは、私が、何かの目的のために、皆さんを誘導尋問にかけているのではないか、と、ひょっとして、勘ぐったりしていませんか？

黒木　いえ、僕は先生の、どうやら誘導尋問らしい話の、その先が知りたいですね。

澤口　ええ、これまでの経験で、先生が私たちを誘導尋問していることは見え見えですが、別にそれが卑怯だなんて思ったことはありません。誘導尋問らしい話に乗っかって考え付いたことで、あ、ひょっとして騙されたかな、と思ったことはありませんので。

宮元　では、皆さんは、以前は無かったものが今は有るようになったとか、以前は有ったものが今は無いものになった、と、こう考えることに、何か違和感を憶えることがありますか？

澤口　えー、それって、人が普通に考えることですよね。

宮元　ええ、その通りかも知れませんが、因中有果論に立つ人ならば、どう考えるでしょうね？　あるいは、どう表現するでしょうね？

澤口　はあ、先生、やっぱり、誘導尋問で私たちを追い込もうとされているのですね。先生が求めていらっしゃる答は、因中有果論を主張する人たちは、無かったものが有るようになるとか、有ったものが無いものになるなんて、口が裂けても言わないだろう、ということですよね。因中有果論を主張する人たちは、有るものは、潜在的にであれ、顕在的にであれ、ずっと有るのであって、そもそも無かったものは、潜在的とか顕在的とかに関係なく、ずっと無いものであり続けると、あ、これ、パルメニデスが開祖とされる、古代ギリシアのエレア学派の考えそのものじゃないでしょうか？

宮元　ええ、このこと、つまり、エレア学派って、何ということはない、因中有果論者なのだと、私、以前から思って来たのですが、そのことを表立って論ずるための舞台背景を整える機会がなかなか得られず、もどかしかったのですが、皆さんとの、この間の一連のやりとりの中で、やっとその時が来た、という感慨を憶えます。

と、ならば、次のように考えを進めてみましょう。

つまり、有るものはずっと有り続け、無いものはずっと無いまま、という考えの中に、ものごとの因果関係なる発想があり得るでしょうか？

黒木　あ、やっと分かりました。先生がおっしゃりたいのは、ものごとの因果関係に関心を持つのは、因中無果論者たち、新造論者たちだけで、因中有果論者たち、流出論者たちは、因果には関心がないというか、そもそも、ものごとの因果を語ることが出来ない、そのような立場にあるのですね。

宮元　はい、その通りです。ということで、やっと、新造論者たちの因果関係をめぐるまっとうな考察に、足を踏み入れる条件が整いました。

そこで、まず、結果は、それが有るようになる以前には、つまり、生ずる以前には無かったと、その場合の無を、ヴァイシェーシカ学派は「以前無」と名付けたのですね。

ヴァイシェーシカ学派は、無を五つに分類したのです。

以前無。生ずる以前には結果は無かった。
破壊無。滅した後に結果は無い状態であり続ける。
相互無。ＡはＢでは無い。
関係無。無常の関係無――この床に水がめは無い。この床における水がめの無。
　常住の関係無――風（空気）に色は無い。風における色の無。
絶対無。錯覚しがちだが本当には無い。兎角（角と錯覚された長い耳）、亀毛（毛と錯覚された藻）など。

こうして、無を自在に扱える根拠に自信を持てたからこそ、ヴァイシェーシカ学派は、「肯定的関連と否定的関連による因果関係検証法」を手に入れたのですね。

それは、「これが有ればかれが有り、これが無ければこれが無い」ことが確実に言えれば、「これ」が「かれ」の原因であると判定することが出来る、というものです。

＊

宮元　ところで、ヴァイシェーシカ学派は成立するよりもずっと前に、ゴータマ・ブッダが「此縁性」と称せられる因果関係検証法を用いたこと、以前にもかなり詳しく説明したのですが、憶えていますか？

黒木　はい、「これが有ればかれが成立し、これが生ずればかれが生じ、これが無ければかれが成立せず、これが滅すればかれが滅する」ことが確認されれば、「これ」が「かれ」の原因だと言える、というものですね。で、ゴータマ・ブッダの場合は、形而上学的に有と無とを考え抜いたことからというのではなく、内科医の診断方法を、直に応用したということなのだと思いますけど。

澤口　ヴァイシェーシカ学派は、ゴータマ・ブッダの因果関係検証法を知っていたのでしょうか？

宮元　うーん、それは何とも言えませんね。これ、私の推測なのですけど、ヴァイシェーシカ学派は、西暦紀元前四世紀の前半に、パーニニという人物が確立したサンスクリット語文法学をさらに詳説する文法学派と関りが強いのでして、その文法学派では、パーニニの文典を正確に理解する手段として、ある肯定的な規定が、文典のどこまで及んでいるか、また、否定的な規定が、どこまで及んでいるか、つまり、肯定的関連と否定的関連を精査することが、重要な研究方法とされたのですね。これを、因果関係検証法に応用したと、私は考えたいのですよ。

＊

宮元　さて、因果関係検証法は、決定的に重要な方法ですが、それが過つことを防ぐために必要な考察が、また別にあるのです。それは、「原因に当たるものごとは、結果に当たるものごとよりも、必ず時間的に前にある」という規則です。

素焼きの水がめが出来る場面を例に考えてみましょう。それが出来るために必要なものは何でしょうか？

澤口　あ、まず原料となる陶土が必要ですね。それから陶土を加工する陶工がいなければなりませんね。あ、轆轤も必要ですね。

宮元　はい。でも、轆轤で造れるのは小さな陶器だけですね。大きな陶器、例えば高さが一メートルを超えるような大きな甕、これは轆轤ではとうてい作れませんね。どうすると思いますか？

澤口　はいー？　あ、本当だ。どうするのでしょうか？

宮元　では、ヒントです。縄文土器や弥生式土器、小さなものでも、轆轤で作っていませんね。

黒木　それ、テレビで縄文土器の作り方、見たことがあります。粘土を長い紐の様にして、それをぐるぐると積み重ねて行くのですね。

宮元　で、積み重ねてから、陶工はどうしますか？

黒木　指や掌で、表面を平らにしますね。

宮元　一メートルを超える高さの甕も、そうすると思いますか？

黒木　うーん、両手でぺたぺたするだけでは、形が整いそうもありませんね。

宮元　適当な長さと太さの棒で叩きますね。手で叩くよりも、粘土がよく密着しますね。それから、表面を滑らかにするためには、ちょっと湿らせた布も用いますね。と、このように、素焼きの水がめを作るには、原料だけでなく、それに必要な加工を施すためのさまざまなものが必要になります。それらも素焼きの水がめの原因として数えられます。そして、それらは素焼きの水がめが出来上がる前に揃っていなければ意味がありませんね。

ところが、たとえばそうやって、陶工がさまざまな道具を用いながら素焼きの水がめを作る作業をしているときに、その作業場の近くを、たまたま驢馬が通りかかったとして、その驢馬も素焼きの水がめの原因の一つとして数えられるでしょうか?

黒木　いえ、それはあり得ないと思います。たまたま通りかかっただけで、素焼きの水がめの作製にはまったく関係していないのですから。

宮元　そうなのですが、因果関係を検証するとき、そのような分かり易い例ばかりがあるのではないのですよ。例えば、病気の原因を探るときのことを考えてみてください。単純な話でないことは、すぐに分りますよね。ただの偶然なのか、患者の体質の関係で、病気の原因ではなくとも、よく見かける別の理由による症状なのか、また、例えば、赤痢の場合、赤痢菌ではない多種類の大腸菌も検出されますが、これってまことに紛らわしい話ですね。病気、とくに内科医が扱う病気の原因を突き止めるのは、とても困難なことが多いのですね。

という訳で、因果関係検証法を用いるとしても、考え得るありとあらゆるものごとを、虱潰しにしないと、正確な結論は出ないのですよ。

＊

宮元　以下に、ヴァイシェーシカ学派が、因果関係の特定をめぐって、いかに腐心を重ねたか、それが分かる議論を、幾つか紹介することにします。

B　数二の発生

宮元　さて、数は数えてみなければ認識できません。認識は、認識対象なしには成り立ちませんので。と、この話、十五年前の『インド哲学の教室』で、割に詳しくしましたが、憶えていますか?

澤口　はい、かなりよく憶えていると思います。自然数についてのペアノの公理と、出発点が同じだと、私、あの後、そのペアノの公理を読みました。ピンと来ない公理もありましたけど、最初の公理には、びっくりしました。

宮元　では御訊きしますが、それはどのような公理でしょうか?

澤口　はい、数一は、数える前からあらかじめ有る、というものです。で、ヴァイシェーシカ学派も、数一は、数える眼からあらかじめ有る、から出発しますね。数え始めの対象となる数が、あらかじめ無いと、数え始めることが出来ませんから。

宮元　では、ペアノの公理の二番目はどういうものでしょうか?

澤口　えーと、一に一を加えた数を、「二」(英語ならばトゥー、ドイツ語ならツヴァイなどなど)と呼ぶことにする、です。あの、「一足す一は何故二なのか」で、先生の演習に出ていた学生たちが大混乱したという、あの問題です。

宮元　その通りです。ペアノのこの公理は、ヴァイシェーシカ学派のゴリゴリの実在論からすれば、もう一つ、説明がなければならないのですね。「二つ」と判断するためには、数二は、その前に、認識対象として存在していなければなりませんので。すると、数二は、「二つ」と認識する前に、何を原因として生じたことになるのでしょう？

澤口　さあ、そこが十五年前の授業で、一番スリリングだと思ったところです。

宮元　その、スリリングな話、どのようなものでしょうか？

澤口　はい。コインを数えることでいえば、あらかじめ有った数一を対象にして、「コインが一枚ある」との認識が生じます。次に、別のコインにある数一を対象として「コインが一枚ある」との、もう一つの認識が生じます。この二つの「コインが一枚ある」との知識が、数二を発生させます。つまり、この特殊な知識が、それまで無かった数二が生ずる原因となる、ということです。知識がものを生ずる例は、他には無い、ということだったと思いますが、どうでしょうか？

宮元　いえ、「この二枚のコインは、まだ数えられていない他のコインとは別のものである」との、二別異性が生ずる原因とか、「これはあれよりもかなたにある」との、かなた性が生ずる原因とか、「これはあれよりもこなたにある」との、こなた性が生ずる原因とか、同じように、知識がそうしたものの原因だとされます。知識以外に、それらが生ずる原因はあり得ないからなのですね。

で、知識から生じた数二は、「コインが二枚ある」と認識された後、どうなるのでしたでしょう？

澤口　「コインが二枚ある」との認識が記憶に転ずるさいに、消滅します。消滅しなければ、数二はあり続けると、あ、数二ならたいしたことではないでしょうが、もしも、数四百三十七だったら、数年後にも、数えなくても、いきなり「コインが四百三十七枚ある」との認識が生ずることになるわけで、これ、不合理極まりない話になるからです。

宮元　うーん、数二の発生と消滅についての話、これからは澤口さんに一任しますよ。いつかそうした話を別の機会に話す必要が出て来たときには、臨時講師をお願いしますね。

で、ずっと黙って聞いていた黒木さん、今の話、どうですか？

黒木　あのー、撲も大体同じように説明できると思いますけど、澤口さんの方が僕より弁舌さわやかだと思います。でも、澤口さんが臨時講師となるのでしたら、僕も、サブ臨時講師に呼んでいただけませんか？　澤口さんの話は、おそらく早すぎるので、付いて来れない人のフォローは、僕が担当しますので。

宮元　いやー、これは心強い話ですね。その時には黒木さんにも、ぜひ、お願いしますね。

C　量の発生の根拠

宮元　量と言いますのは、ヴァイシェーシカ学派が挙げるたくさんの種類の性質の一つで、大小、長短のことです。

この学派の原子論では、原子が二つ結合したものが二原子体（二つの原子より成るもの）、二原子体が三つ結合したものが三原子体（三つの二原子体より成るもの）、三原子体が四つ結合したものが四原子体（四つの三原子体より成るもの）、四原子体が五つ結合したものが五原子体（五つの四原子体より成るもの）といった順で、どんどん大きなものが出来上がるとされます。

ちなみに、流出論的一元論を唱えるヴェーダーンタ学派の根本教典『ブラフマ・スートラ』への初代シャンカラの註には、四原子体は四個の原子より成る、なんて書かれていますが、まったくの間違いです。四原子体は、上の順で計算すればすぐに分りますように、二十四個の原子より成るものです。

＊

宮元　さて、問題はここからです。

ヴァイシェーシカ学派では、ものの量は、比較によって変わるものではなく、それぞれのものごとに決まっているのですね。

それによれば、原子の量は極小、二原子体の量は小、三原子体以上のものの量は大だとされます。

例えば、糸の色が赤ければ、それを織って出来た布の色も赤ですね。ところが、量については、そうは行かないのですよ。原子の量は極小、ならば、原子が幾つ集まっても、その量は極小だということとなりますね。これは困った話です。

そこで、ヴァイシェーシカ学派は、手の込んだ理論を立てます。

二原子体の量は、二原子体の質料因（素材）である原子の量によって成り立つのではなく、数二を原因として成り立つのだ、と。

また、三原子体の量は、三原子体の質料因である二原子体の量によって成り立つのではなく、数三を原因として成り立つのだ、と。

また、四原子体以上のものの量、つまり大は、これはもう安心して、それぞれの質料因の量が大であることを原因として成り立つのだ、と。

どうですか？　ややこしい話ですが、この学派の考えの枠からして、それ以外に解決策はないのですね。

でも、『ブラフマ・スートラ』では、この説が揶揄されています。『ブラフマ・スートラ』には、ヴァイシェーシカ学派からの批判がまず取り上げられます。「一元から、何故、多様なものが出て来るのか」と。これ、一元論の最大の弱点なのですね。インド哲学の元祖ウッダーラカ・アールニは、こうした批判が簡単にはかかって来ないように、まことに巧みに論を立てているのですが、ヴェーダーンタ学派は、どうも用意周到ではなく、多様性の生ずる原因について、学派内のばらばらな学説を各論併記で処理したりしていますので、簡単に、そうした批判を受けるのですよ。

そこで、『ブラフマ・スートラ』答えて曰く、「そのような批判をする君たちヴァイシェーシカ学派だって、原子の量は極小なのに、原子が結びつくとそれとは別の原因なるものを持ち出して、小だとか大だとかを導き出しているではないか。他人のことを批判できる資格はないよ」とね。

勝てそうもなければ引き分けに持ち込む、ま、これも場合によっては、正しい選択ではあり得ますけどね。

＊

宮元　ちなみに私たちが眼で捉えることの出来る実体は、三原子体以上の量のものだけだとされます。原子や二原子体は、小さすぎて、私たちは見ることが出来ないのです。

ところが、二原子体の量である小は、二つの原子にまたがって存する数二であるとか、また、三原子体の量である大は、三つの二原子体にまたがって存する数三であるとかとされますが、誰が数えるのでしょうか？

つい先ほど見て来たように、数一は、数える前から存在するけれども、数二以上の数は、数えなければ発生しないということでしたね。

ヴァイシェーシカ学派の最古の文献は、『ヴァイシェーシカ・スートラ』ですが、そこには、このことについては、問題にされていません。

ところが、西暦紀元後五世紀初頭の『勝宗十句義論』になりますと、ヒンドゥー教哲学として、最高主宰神を、特別の自己として取り上げるようになりました。そこでこれ以降、この学派は、原子が二個あるとか、二原子体が三個あるとか、そのように数えるのは、実は最高主宰神なのだ、だから、私たちには数えられなくても、大丈夫なのだと、こう主張するようになります。

こう考えるしかないのかどうか、私、そのうち自分でも納得の行く理由を見出したいと思っています。

D　熱によって生ずる性質の発生

宮元　今の話、どうでしたか？
黒木　はい、公理系をきっちりと保つのは、なかなか難しいものだなと思いました。
宮元　そうですね。これから紹介するヴァイシェーシカ学派の理論も、そのことを感じさせるものですが、ここまで論じないと、この学派の学説は首尾一貫しない、と、読んで理解する私たちの「脳」力も試される問題です。

＊

宮元　それは、次のような問題です。

ヴァイシェーシカ学派は、地水火風の四元素説を唱えます。この四種類の元素の内、色を有するのは、地の元素、水の元素、火の元素で、それぞれに、結果に存する色は、原因に存する色というのが一般的なのですが、地の元素の色には、それでは説明できないものもあるのですよ。

赤い糸で織れば赤い布が出来ますが、黒い粘土に熱を加えると、赤い素焼きの水がめができますね。原因に存する色は黒なのに、結果に存する色は赤いのでして、これは、別途の理由を考えなければなりません。それが、地の元素より成るものには、熱によって、それまでになかった性質が生ずるものがある、とする説です。

「熱によって生ずる性質」は、他には、例えば、マンゴーがそうだとされます。未熟なマンゴーの実は、青くて、とても酸っぱいのですが、太陽の熱を受け続けると、色は黄色や赤になり、味も、とても甘くなります。

また、私たちは、ものを食べますが、消化されて排泄されたものは、口にしたものとは似ても似つかないですね。インドでは、消化は、胃腸に存する火の熱の働きによるものだとされます。腹中の火によって、ものの性質が変わるのです。

＊

宮元　ヴァイシェーシカ学派は、素焼きの水がめの場合を例にして、次のようなプロセスを考えます。

まず、火の熱の最初の打撃で、黒い粘土が、ばらばらの原子状態になります。

次に、火の熱の第二の打撃で、原子の黒い色が消滅します。

第三の打撃で、原子に赤い色が生じます。

第四の打撃で、原子に、互いに結合する方向に運動が生じ、二原子体、三原子体、四原子体の順で、素焼きの水がめが出来上がって行きます。

で、素焼きの水がめの赤い色が見えることになるのですが、ここで、注意すべきなのは、素焼きの水がめが出来上がった時点では、赤い色は無いのです。なぜなら、素焼きの赤い色の質料因、これ、サンスクリット語を直訳すれば「内属因」なのですが、その質料因は素焼きの水がめですが、実体と性質とは、質料因とその結果という関係にある以上、原因である実体は、結果である性質よりも、直的に必ず前に存在するからです。素焼きの水がめという質料因が生じてから一瞬の後に、結果である赤い色が生ずると。これ、この学派の因果関係論の原則からすれば、当然の結論なのですね。

澤口　うーん、理屈詰めの話ですね。でも、常識的にはどうでしょうか？　火の熱の打撃を受けた途端に、水がめの形をした粘土がばらばらの原子状態になるなんて、信じられません。竈の中でそのような大事件が起きるなんて、ヴァイシェーシカ学派の人で、自分の眼で確かめた人が、本当にいるのでしょうか？

宮元　いやー、いないでしょうね。

で、今の澤口さんとまったく同じ疑問を持つ人々がいたのですね。それは、存在論についてはほとんどヴァイシェーシカ学説を取るニヤーヤ学派です。ニヤーヤ学派は、もとは、論証のあり方を探究することを事とする人たちですが、伝統的に、内科医のカンファランスをベースにして来たのです。ですから、ニヤーヤ学派は、時として、理論より現実を重視することがあるのですね。経験的に誰も知らないことを、それが事実だと主張して已まない内科医がいたら、患者たちは、怪しんで、診てもらおうとは思わないでしょうね。

で、ニヤーヤ学派は、こう考えました。

火の熱は、ばらばらになった原子の一つ一つに及ぶことはなく、水がめの形をした粘土の全体を熱し、全体として徐々に赤い色に変わって行くのだ、と。

どうです？　原子がばらばらの状態になることはないというのですから、まあ、常識的な見方ですね。

ただ、この考えに対して、ヴァイシェーシカ学派は、これでは火の熱に曝されるのは、厚さのある水がめ形の粘土の表面だけでないか、と反論します。

これに対してニヤーヤ学派は、水が入った土鍋を火にかけると水が熱くなるのは、土鍋の隙間から火の微粒子が入り込み、水の中に混じるからである。水がめの形をした粘土にも隙間があり、そこから内部にまで火の熱が及ぶと考えて、何の問題もないではないか、と反論するのですね。

するとまたまたヴァイシェーシカ学派は、こう反論します。水がめの形をした粘土は、隙間で出来ているのではない。隙間の無い所に、どうして火の熱が及ぶだろうか。素焼きの水がめを粉々に砕いてみるがよい。どんなに細かく砕いても、すべての粉末が赤いことが分かるであろう。ゆえに火の熱の打撃は、すべての原子に及ぶのである。ゆえに瞬間的に原子レヴェルまで、ばらばらになるプロセスがある筈だ、と。

さあ、この問答、どちらに理があると思いますか?

黒木　うーん、どちらもそれぞれに理があるようですから、どちらが正しいか、僕には判断が付きません。

澤口　この場合は、ヴァイシェーシカ学派に軍配を上げたいですね。屁理屈と言われても、自分の見たこと聞いたことばかりを重視して、見ただけでは分からないことも、理論で推し量って行く姿勢がないと、事の真相にはなかなか届かないと思います。

ビッグバン宇宙論では、ビッグバン直後の十の数万乗分の一秒間に、なんて、すさまじく短い時間がたくさん出て来ますよね。見て、聞いて、なんて話では無いですね。

E　運動の継続過程

宮元　では、最後に、細かく因果関係を分析するヴァイシェーシカ学派の学説の中でも、その分析の細かさの最たるものが、運動はどうやって生じ、どうやって継続するか、をめぐる理論です。

余りにも細かな話が続きますので、今回は、西暦紀元後六世紀の末から七世紀初めに作成された、プラシャスタパーダの『パダールタダルマ・サングラハ』（カテゴリーと功徳についての綱要）の運動を説明した個所、それも三か所、手にした杵で臼を衝くときの運動論と、手で槍を投げたときの運動論と、弓で矢を射たときの運動論と、全部読みます。あ、私の訳ですが、読む時には、どんどん改行した形で、また、ゆっくり読みますので、あせらずにお願いします。

＊

宮元　では、まず手にした杵で臼を衝くときの運動論。手にした杵を勢いよく臼に衝くと、その反動で、杵と手とが上昇する運動のプロセスです。

手で杵をつかんで、「手で杵を持ち上げよう」と欲求する。

その直後に、内的努力が生ずる。

その内的努力を動力因とする、自己と手との結合により、手に上昇運動が生ずる。

まさにそのとき、内的努力を動力因とする、手と杵との結合により、杵に運動が生ずる。

それから、杵が高く持ち上げられると、持ち上げようとの欲求が消える。

同時に、杵を下げようとの欲求が生ずる。

その直後に、内的努力が生ずる。

その内的努力を動力因とする、自己と手との結合により、手と杵とに同時に下降運動が生ずる。

それから、杵の最後の運動によって、臼と杵とに、打撃と称される結合が生ずる。

その、打撃と称される結合は、杵に存する惰性（物理学用語なら「慣性」）を動力因とする、杵の無意識的な上昇運動が生ずる。

その上昇運動によって、杵に、打撃を動力因とする惰性が生ずる。

その惰性を動力因とする、杵と手との結合により、手にも無意識的な上昇運動が生ずる。

たとい、前の惰性が消滅しても、杵と臼との結合は、打撃と称される特殊な結合であるから、強烈な運動を生ぜしめ、その運動が、新たに惰性を生ぜしめる助けとなり得るのである。

あるいは、次のようにも解釈出来る。

すなわち、その、前の強烈な惰性は、打撃によって消滅することなく、存続する。

ここで、惰性を有するものに、さらに新たに惰性が生ぜしめられることはあり得ないので、惰性を動力因とする、打撃と称される結合により、杵に、無意識的な上昇運動が生ずる。

まさにそのとき、惰性を動力因とする、杵と手との結合により、手にも、無意識的な上昇運動が生ずる。

*

宮元　次に、手で槍を投げるときの運動論。

投げ槍を手でつかんで、上昇させようとの欲求が生ずる。

その直後に、内的努力が生ずる。

その内的努力を動力因とする、手と投げ槍との結合により、投げ槍と手とに同時に、高く引き上げる運動が生ずる。

それから、手が前方へと伸ばされると、高く引き上げるための内的努力が消滅する。

その直後に、投げる人に、横に、あるいは上に、あるいは遠くに、あるいは近くに投げ槍を投げようとの欲求が生ずる。

その直後に、内的努力が生ずる。

その内的努力を動力因とする、投げ槍と手との、揺さぶりと称される結合が生ずる。

その、揺さぶりと称される結合を動力因とする運動により、投げ槍に惰性が生ぜしめられる。

それから、惰性と揺さぶりと称される結合とにより、投げ槍には、手との分離にいたるまで、運動が生ずる。

手と投げ槍との分離によって、揺さぶりと称される結合が消滅したとき、惰性により、上に、あるいは横に、あるいは遠くに、あるいは近くに向けて、内的努力を動力因とする運動が、投げ槍が落下し終わるまで生ずる。

＊

宮元　次に、弓を用いて矢が放たれる運動。
剛腕で鍛錬を積んだ人が、左手で弓をしっかり握り、右手で矢をつがえ、矢と結びついた弦を手でつかみ、「私はこの弓の弦を引こう」との欲求が生ずる。

その直後に、内的努力が生ずる。

その内的努力を動力因とする、自己と手との結合により、手に、弦を引く運動が生ずる。

その同じ内的努力を動力因とする、手と弦と矢との結合により、弦と矢とに運動が生ずる。

内的努力より生じた手と弦と矢との結合を動力因とする、弦と弓の両端との結合により、弓の両端に運動が生ずる。

以上のことは、皆、同時の出来事である。

こうして、弦が射手の耳まで引かれたとき、これが精一杯だとの認識が生ずる。

すると、弦を引くための内的努力が消滅する。

それから、射手に、矢を放とうとの欲求が生ずる。

その直後に、内的努力が生ずる。

その内的努力を動力因とする、自己と指との結合より、指に運動が生ずる。

その運動により、弦と指との分離が生ずる。

その分離により、弦と指との結合が消滅する。

弦と指との結合が消滅することにより、妨げが無くなったことで、弓に内在していた弾力が、円弧のようになっている弓を元の状態に戻す。

そのとき、その弾力を動力因とする、弓と弦との結合により、弦と矢とに運動が生ずる。

その運動により、弦と矢との結合を動力因とする、矢の惰性が生ずる。

その惰性を動力因とする、矢と弦との、揺さぶりと称される結合が生ずる。

その揺さぶりと称される結合より、矢に最初の運動が生ずる。

その、矢の最初の運動により、矢に、揺さぶりと称される結合を動力因とする惰性が生ずる。

揺さぶりと称される結合と、それら生じた惰性による、矢の、弦との分離にいたるまでの運動が生ずる。

分離によって、揺さぶりと称される結合が消滅すると、矢には、みずからが持つ惰性により、落下し終わるまで、次々と運動が生ずる。

＊

宮元　と、以上で今回の一連の授業は終了とします。今回の授業は、唯識説も、まあ真っ向から取り上げましたし、私は慣れているとはいえ、皆さんにはこれまでかなり縁遠かったヴァイシェーシカ学派の細かな議論も紹介し、考えてもらいました。
次回には、「インド知識論の哲学」を考えているのですが、今その方面の文献の和訳を進めている最中です。今考えている範囲を訳し終わるには、一年はかかりそうでして、また、それはどこかから刊行するつもりですので、授業はその後がよかろうと思います。

で、もしよろしかったら、かつて私が訳したもの、書いたものを読み進める授業をしてみたいと思っているのですが、どうでしょうか?

黒木 はい、もうすでに刊行されているものでしたら、じっくり読んで授業に臨めますので、面白いかなと思います。

澤口 はい、私もそのような授業、楽しみにしています。

宮元 では、テーマとかテクストが定まりましたら、また後日、連絡します。

とまあ、ともあれ、今回もちょっと冒険的な考察も交えましたが、私としては大学の授業では不可能な内容の授業を無事に終えることが出来て、大いに満足しています。

＊

宮元 では、今回の授業の打ち上げと、次回の再開を期して、乾杯と行きましょう。ビールでも、マルガリータでも、ワインでも、手元にありますから、お好きなものをどうぞ。

では、乾杯!!

宮元啓一（みやもと・けいいち）
1948年生まれ。東京大学で博士（文学）号を取得。
現在、國學院大學名誉教授。
著作に、『インド哲学七つの難問』（講談社選書メチエ）、『仏教誕生』（講談社学術文庫）、『仏教かく始まりき　パーリ仏典『大品』を読む』『インド哲学の教室』（春秋社）、『わかる仏教史』『ブッダが考えたこと』（角川ソフィア文庫）、『勝宗十句義論』（臨川書店）、『新訳 ミリンダ王の問い』『［全訳］念処経』『インド哲学教室①　インドの死生哲学』『インド哲学教室②　インドの唯名論・実在論哲学』（花伝社）など。

カバー写真：「国立文化財機構所蔵品統合検索システム」（https://colbase.nich.go.jp/collection_items/tnm/TC-669?locale=ja）をもとに作成

インド哲学教室③
インドの存在論・認識論・因果論哲学
――「私」、そして「世界」とは何か

2023年9月25日　初版第1刷発行

著者 ――― 宮元啓一
発行者 ―― 平田　勝
発行 ――― 花伝社
発売 ――― 共栄書房
〒101-0065　東京都千代田区西神田2-5-11出版輸送ビル2F
電話　03-3263-3813
FAX　03-3239-8272
E-mail　info@kadensha.net
URL　https://www.kadensha.net
振替 ――― 00140-6-59661
装幀 ――― 佐々木正見
印刷・製本 ― 中央精版印刷株式会社

ISBN978-4-7634-2083-1 C0015